U0826738

用于国家职业技能鉴定
国家职业资格培训教程
YONGYU GUOJIA ZHIYE JINENG JIANDING
GUOJIA ZHIYE ZIGE PEIXUN JIAOCHENG

餐厅服务员

（初级）

第2版

编审委员会

主　任　刘　康
副主任　张亚男
委　员　沈苏林　杨志霞　陈建华　马　进
　　　　徐桥猛　陈　蕾　张　伟

编审人员

主　编　徐桥猛　徐溢艳
编　者　陈春英　王　丽　高品洁　吴小明
　　　　戴梅萍
主　审　沈苏林

中国劳动社会保障出版社

图书在版编目(CIP)数据

餐厅服务员：初级/中国就业培训技术指导中心组织编写. —2 版. —北京：中国劳动社会保障出版社，2010

国家职业资格培训教程

ISBN 978-7-5045-8589-9

Ⅰ.①餐… Ⅱ.①中… Ⅲ.①饮食业-商业服务-技术培训-教材 Ⅳ.①F719.3

中国版本图书馆 CIP 数据核字(2010)第 183696 号

中国劳动社会保障出版社出版发行

（北京市惠新东街1号 邮政编码：100029）

出版人：张梦欣

*

北京市艺辉印刷有限公司印刷装订 新华书店经销

787毫米×1092毫米 16开本 8.5印张 147千字

2010年9月第2版 2022年6月第20次印刷

定价：19.00元

读者服务部电话：（010）64929211/84209101/64921644

营销中心电话：（010）64962347

出版社网址：http://www.class.com.cn

前　言

为推动餐厅服务员职业培训和职业技能鉴定工作的开展，在餐厅服务员从业人员中推行国家职业资格证书制度，中国就业培训技术指导中心在完成《国家职业技能标准·餐厅服务员》（以下简称《标准》）制定工作的基础上，组织参加《标准》编写和审定的专家及其他有关专家，编写了餐厅服务员国家职业资格培训系列教程（第2版）。

餐厅服务员国家职业资格培训系列教程（第2版）紧贴《标准》要求，内容上体现“以职业活动为导向、以职业能力为核心”的指导思想，突出职业资格培训特色；结构上针对餐厅服务员职业活动领域，按照职业功能模块分级别编写。

餐厅服务员国家职业资格培训系列教程（第2版）共包括《餐厅服务员（基础知识）》《餐厅服务员（初级）》《餐厅服务员（中级）》《餐厅服务员（高级）》《餐厅服务员（技师　高级技师）》5本。《餐厅服务员（基础知识）》内容涵盖《标准》的“基本要求”，是各级别餐厅服务员均需掌握的基础知识；其他各级别教程的章对应于《标准》的“职业功能”，节对应于《标准》的“工作内容”，节中阐述的内容对应于《标准》的“技能要求”和“相关知识”。

本书是餐厅服务员国家职业资格培训系列教程中的一本，适用于对初级餐厅服务员的职业资格培训，是国家职业技能鉴定推荐辅导用书，也是初级餐厅服务员职业技能鉴定国家题库命题的直接依据。

本书第1章由徐溢艳编写，第2章由王丽、高品洁编写，第3章由徐桥猛、陈春英编写，第4章由王丽编写，戴梅萍负责插图绘制，吴小明负责插图摄影，徐桥猛负责统稿。

本书在编写过程中得到中国烹饪协会、江苏省职业技能鉴定中心、无锡商业职业技术学院、无锡市烹饪餐饮行业协会、南京金陵饭店集团、君来酒店集团等单位的大力支持与协助，在此一并表示衷心的感谢。

中国就业培训技术指导中心

目　录

CONTENTS　国家职业资格培训教程

第1章　餐前准备……………………………………………………………（1）

第1节　托盘……………………………………………………………（1）

学习单元1　托盘知识……………………………………………………（1）

学习单元2　轻托服务……………………………………………………（3）

学习单元3　重托服务……………………………………………………（5）

学习单元4　托盘行走……………………………………………………（8）

第2节　摆台……………………………………………………………（11）

学习单元1　铺中餐台布…………………………………………………（11）

学习单元2　摆放中餐台餐具……………………………………………（17）

第3节　餐巾折花………………………………………………………（21）

思考题……………………………………………………………………（35）

第2章　接待服务……………………………………………………………（36）

第1节　礼仪接待………………………………………………………（36）

第2节　出品介绍………………………………………………………（46）

学习单元1　菜点介绍……………………………………………………（46）

学习单元2　酒水介绍……………………………………………………（57）

第3节　点菜点和点酒水服务…………………………………………（78）

学习单元1　点菜点服务…………………………………………………（78）

学习单元2　点酒水服务…………………………………………………（85）

思考题 ………………………………………………………………………… (90)
第3章　餐间服务 …………………………………………………………… (91)
第1节　上菜 ……………………………………………………………… (91)
第2节　酒水服务 ………………………………………………………… (100)
第3节　撤换餐酒具服务…………………………………………………… (109)
思考题 ………………………………………………………………………… (114)
第4章　餐后服务 …………………………………………………………… (115)
第1节　送客服务 ………………………………………………………… (115)
第2节　餐后整洁工作……………………………………………………… (119)
学习单元1　餐后收台 …………………………………………………… (119)
学习单元2　餐后清洁 …………………………………………………… (123)
思考题 ………………………………………………………………………… (129)

第1章 餐前准备

第1节 托　盘

学习单元1 托盘知识

学习目标

➢ 了解托盘的种类和用途

知识要求

托盘是餐厅服务员为宾客端送各种物品的常用工具之一。因此，托盘的操作熟练程度就显得十分重要，也是评价餐厅服务员技能水平高低的标准之一。

一、托盘的种类

1. 按制作的材料分类

可分为塑料托盘、金属托盘和胶木托盘。以胶木托盘为佳，其特点是防滑、耐用、防腐、轻便。

2. 按规格的大小分类

可分为大、中、小三种规格托盘。

3. 按托盘的形状分类

可分为长方形和圆形托盘两种。

圆形托盘如图1—1所示，长方形托盘如图1—2所示。

图1—1　圆形托盘

图1—2　长方形托盘

二、托盘的用途

大、中型圆形托盘一般用于摆台、托送酒水等。大、中型长方形托盘常用于传菜、托送盘碟等较重物品。小型托盘主要用于递送账单、信件和小礼品等。托送物品时，应根据物品的不同选用不同规格的托盘托送，以利于餐厅工作的规范化和服务质量的提高。

学习单元 2　轻托服务

学习目标

- 掌握轻托的要领和注意事项
- 能够熟练掌握轻托服务的技能

知识要求

轻托又称胸前托。一般在客人面前操作，主要用于托送较轻的物品和对客服务，所托重量一般在 5 kg 以内。轻托动作要求熟练、优雅和准确。

一、轻托的操作要领

用左手托盘。端托时大臂自然下垂，小臂向上弯曲与大臂呈 90°垂直状，左手掌伸平，掌心向上，五指分开伸直，以大拇指指端到手掌根部和四指托住盘底，手掌自然形成凹形，掌心不与盘底接触。轻托姿势及手势如图 1—3 所示。

a)　　　　b)

图 1—3　轻托姿势及手势

a）轻托姿势　b）轻托手势

二、轻托的服务应用

轻托是用于端托体积较小、重量较轻的物品，多用于摆台、上菜、斟酒、递送账单等。

三、轻托的注意事项

1. 轻托时要用左手。除了在起、落台时右手扶托外，行走时禁止右手扶托。端托时须注意卫生。

2. 轻托时，所托物品要避开自己的鼻口部位，也不可将所托物品置于胸下。

3. 轻托时掌握正确姿势。做到站稳、端平、托举到位、高低适中。

4. 卸盘时，要注意保持平衡。如要放下托盘，应把托盘小心放到一个已经选择好的平面处，不可在没有放好托盘之前急于取下物品，以免翻盘。

技能要求

托盘服务·轻托

一、操作准备

工作台1个、圆托盘1只、垫盘方巾1块、5 kg以内的物品（建议用各类酒水、饮料瓶）、障碍物数个、不少于10级的楼梯台阶，模拟餐厅。

（注：一人训练用）

二、操作步骤

按要求在托盘内放置5 kg以内的物品，轻托行走100 m（包括直线行走、绕障碍物走、上下楼梯等）。

步骤1：选择托盘

根据工作台上的物品，选择大小适宜的托盘。

步骤2：清理托盘

将托盘洗净擦干。如不是防滑托盘，则在盘内垫上洁净的垫盘方巾。垫盘方巾要用清水打湿拧干、铺平拉齐，这样既整洁美观又可避免盘内物品滑动。

步骤3：装盘

在整理好托盘之后，根据物品的形状、大小及取出的先后顺序，进行合理的装盘码放。圆托盘内的物品码放呈圆形。一般重物、高物放在托盘的里档，轻物、低物放在外档；先上桌的物品在上、在前，后上桌的物品在下、在后。盘内物品的重量分布均衡，这样托盘才能安全平稳，便于服务员托送和进行有条不紊的服务。

步骤4：起托

轻托一般用左手托盘。起托时左脚在前，右脚在后，屈膝弯腰，左手和左肘放到与托盘同一平面上，用右手轻轻地、慢慢地把托盘平移到左手上，确保托盘安全平稳。

步骤5：托盘行走

行走时要头正肩平，上身挺直，目视前方，脚步轻快稳健，精力集中。随着步伐移动，托盘会在胸前自然摆动，以菜肴酒水不外溢为标准。

步骤6：落托

到达目的地，首先人要站稳，站立位置要与落台距离适中，要把托盘平稳地放到工作台上，然后再安全取出物品。

三、注意事项

1. 随着托盘内物品的不断变化，重心也要不断调整，左手手指应不断地移动，以掌握好托盘的重心。

2. 要养成使用托盘的良好习惯，不允许将托盘随意地放置在宾客的餐桌和座椅上。

学习单元3　重托服务

学习目标

- 掌握重托的要领和注意事项
- 能够熟练掌握重托服务的技能

知识要求

重托又称肩上托，指对较大且重的物品的端托。重托的重量一般超过5 kg、在10 kg以内。重托手势如图1—4所示。

图1—4　重托手势

一、重托的操作要领

用左手托盘。伸开手掌，掌心向上，平托住托盘底部的中心，在托起的同时转动托盘，使托盘在向左旋转过程中送至左肩外上方，左手指尖向后，托盘距肩2 cm。手指指尖向前伸、向左伸均属端托不到位。

二、重托的服务应用

重托一般常用于餐厅传送菜肴、盘碟等物品。目前国内餐厅使用重托的已不多，递送重物一般用小型手推车，既安全又省力。

三、重托的注意事项

1. 重托时，端托姿势要正确，托举到位，不能将所托物品贴靠于自己的头、颈部位。端托时要注意卫生。

2. 重托时掌握正确姿势。做到站稳、端平、托举到位、高低适中。

3. 卸盘时，要注意保持平衡，右手应扶住盘边；如要放下托盘，应把托盘小心放到一个已经选择好的平面处，千万不要在没有放好托盘之前急于取下物品，以免翻盘。

技能要求

托盘服务·重托

一、操作准备

工作台1个、长方形托盘1只、10 kg以内的物品（建议用装满水的汤碗、品锅)、障碍物数个、不少于 10 级的楼梯台阶，模拟餐厅。

（注：一人训练用）

二、操作步骤

按要求在托盘内放置 10 kg 以内的物品，重托行走 100 m（包括直线行走、绕障碍物走、上下楼梯等)。

步骤 1：选择托盘

根据工作台上的物品，选择大小适宜的托盘。

步骤 2：清理托盘

重托的托盘常与菜肴接触，易沾油渍，使用前要仔细检查和擦洗。最好使用防滑、耐用、防腐、轻便的胶木长方形托盘。

步骤 3：装盘

在整理好托盘之后，应根据物品的形状、大小及取出的先后顺序，进行合理的装盘码放。盘内物品宜码放整齐，横竖成行。

步骤 4：起托

双手将托盘移至工作台外，用右手拿住托盘的一边，左手伸开五指托住盘底，掌握好重心后，用右手协助左手向上托起，同时左手向上弯曲臂肘，向左后方旋转 180°，擎托于肩外上方，做到盘底不搁肩，盘前不靠嘴，盘后不靠发。

步骤 5：托盘行走

行走时上身挺直，两肩放平，右手自然摆动或扶托盘的前内角。行走时步伐轻快，肩不倾斜，身不摇晃，掌握重心，保持平稳，动作表情轻松自然。

步骤 6：落托

落托前人要站稳，站立位置与落台位置适中，然后屈膝直腰，轻放托盘，安全取出物品。

三、注意事项

1. 重托时，物品装载要力所能及，不要在托起后再随意地增加或减少盘内的物品。

2. 要养成使用托盘的良好习惯，不允许将托盘随意地放置在宾客的餐桌和座椅上。

学习单元 4　托盘行走

学习目标

➢ 掌握托盘行走的方法和要领

➢ 能够熟练掌握托盘行走技能

知识要求

托盘行走时一般使用以下五种步伐：

一、常步

步距均匀，快慢适中，为平常行进的步伐，主要适用于餐厅日常服务工作。

二、快步

步距较大，步速较快但不能跑，以免汤汁外溢或影响菜形，主要适用于托送火候菜。

三、碎步

步距较小，步速较快，上身保持平稳，主要适用于端送汤类菜肴。

四、垫步

当需要侧身通过时，左脚侧一步，右脚跟一步，主要适用于穿行狭窄的过道。

五、跑楼梯步

跑楼梯步是服务员托盘上楼时所使用的一种特殊步伐。要求身体向前弯曲，重心前倾，一步紧跟一步，不可上一步停一下。

技能要求

托盘行走步伐训练

一、操作准备

工作台 1 个、圆托盘 1 只、垫盘方巾 1 块、5 kg 以内的物品（建议用各类酒水、饮料瓶、汤碗等）、障碍物数个、不少于 10 级的楼梯台阶，模拟餐厅。

（注：一人训练用）

二、操作步骤

步骤 1： 常步步伐训练

左手托盘，盘内装 3 瓶啤酒，进行常步步伐练习。

步骤 2： 快步步伐训练

左手托盘，盘内装 1 份模拟炒菜，进行快步步伐练习。

步骤 3： 碎步步伐训练

左手托盘，盘内装 1 份模拟汤菜，进行碎步步伐练习。

步骤 4： 垫步步伐训练

左手托盘，盘内装 1 份模拟炒菜，进行垫步步伐练习。

步骤 5： 跑楼梯步步伐训练

左手托盘，盘内装 3 瓶啤酒，进行跑楼梯步步伐练习。

三、注意事项

1. 托盘行走时上身挺直，动作轻快敏捷，遇障碍物让而不停。
2. 行走时保持托盘平稳，避免翻盘。

相关链接

端盘操作要求

端盘是指用手端盘、碟、碗。适用于中小型餐厅，用在上饭、上菜、上汤的时候。端盘时要求服务员上身挺直，两臂自然放松，用左手单手端盘（上下臂成90°），右手留空做其他工作。

1. 端盘手法

(1) 单手端一个盘（碗）的方法是：食指、中指、无名指勾托盘（碗）底边棱，拇指跷起稳压盘（碗）边，以正常速度前进，至桌前保持盘（碗）平稳，然后轻放在桌上。如端鱼盘（椭圆形盘），应端直径短的一边，方法与上相同。

(2) 单手端两盘（碗）的方法是：先用食指勾托盘（碗）底，拇指跷起稳压盘（碗）边，端起第一盘（碗）。然后再用无名指托住另一个，中指护在其边，食指压住使其平稳。

(3) 单手端三盘（碗）的方法是：左手食指和拇指自然平伸，将第一盘（碗）的边沿插入左手虎口［盘（碗）的重心落在虎口以外］，盘（碗）底托住第二盘（碗），将第一盘（碗）的边沿下部压住第二盘（碗）的盘（碗）边，并将第二盘（碗）边沿紧靠掌心，最后，用中指托住第三盘（碗），将第二盘（碗）的边沿下部及食指根部稳压住第三盘（碗）的盘（碗）边。这样，即可使三只盘（碗）稳固牢靠。

(4) 单手端四只以上盘（碗）的方法是：在端三盘（碗）的基础上，依赖腕力和手臂，将第四只以上的盘（碗）交错搭靠，沿手臂逐渐重叠上去。需要注意的是，重叠时只可盘（碗）底搭盘（碗）边，切忌盘（碗）底触碰在饭菜上，污染了食品。

2. 端盘要求

(1) 各盘（碗）都要保持水平或稍向里倾斜，以防止外滑。如发生特殊情况盘（碗）内滑时，即可用身体顶住滑动的盘（碗），请另外的服务员帮助调整一下，再轻步上台即可。

(2) 端盘（碗）时，左手大臂要保持水平，并可根据避让的需要作水平方向的灵活转动。

(3) 徒手端盘（碗）需要巧妙地运用指力、腕力和臂力。服务员只有在练好指力、腕力和臂力这一基本功的基础上，才能熟练地掌握和运用各种徒手端法。

第2节 摆 台

学习单元1 铺中餐台布

学习目标

➢了解中餐餐台的种类和规格，中餐台布的种类、规格和质地等知识

➢掌握中餐台布铺设的方法

➢能够熟练掌握中餐台布铺设的技能

知识要求

摆台主要指餐桌席位的安排和台面的摆设。摆台可分为中餐摆台和西餐摆台两大类。中餐摆台因宾客的饮食习惯不同，宾客就餐的形式、规格不同，所摆设的餐具种类、件数及台面的造型不同，又可分为中餐便餐摆台和宴会摆台。

一、中餐餐台的种类和规格

中餐餐台常见的有圆台和方台两种。

1. 圆台

圆台的规格大小不同，其直径有 120～160 cm 不等。圆台的底台或台架高度一般为 80 cm 左右。由于每次用餐客人的人数不同，因此在选用餐台时，应根据客人的就餐人数选择大小适宜的餐台。通常情况下，4 位客人一般选择直径 120 cm 的餐台，6 位客人选择直径 140 cm 的餐台，8 位客人选择直径 160 cm 的餐台。按制作材质又可分为玻璃圆台（见图 1—5），木制圆台（见图 1—6）。

图 1—5　玻璃圆台

图 1—6　木制圆台

2. 方台

餐厅的方台规格有 90 cm×90 cm、100 cm×100 cm 和 110 cm×110 cm 三种。一般情况下，1～2 位客人适宜选用 90 cm×90 cm 的方台，3～4 位客人适宜选用 100 cm×100 cm 的方台，4 位以上客人适宜选用 110 cm×110 cm 的方台。按制作材质又可分为木制方台（见图 1—7）和玻璃方台（见图 1—8）。

图 1—7　木制方台

图 1—8　玻璃方台

二、中餐台布的种类与规格

1. 台布的种类

按台布的质地分为纯棉台布、化纤台布、塑料台布、绒质台布等。其中，纯棉台布吸收性能较好，为大多数餐厅经常使用。按台布花型图案分为团花、提花、散花、工艺绣花等。其中，提花图案的台布使用较多。按台布的颜色分为白色、黄色、红色、绿色、粉色等。其中，多数餐厅为了整洁卫生，常使用白色台布。按台布的形状分为圆形台布、正方形台布、长方形台布、异形台布等。其中，圆形餐桌多使用圆形台布，长方形餐桌多使用长方形台布。圆形台布如图 1—9 所示，方形台布如图 1—10 所示。

图 1—9　圆形台布

图 1—10　方形台布

2. 台布的规格

台布的规格及其对应的餐台尺寸见表 1—1。

表 1—1　台布规格与适用餐台尺寸　cm

台布规格	适用餐台
140×140	90×90
160×160	100×100
180×180	150×150
200×200	170×170
220×220	200×200
240×240	220×220
260×260	240×240

三、中餐台布的铺设方法

1. 铺台布的准备工作

铺台布之前，首先应将所需餐椅按就餐人数并列摆放于餐台的四周。然后，服务员应将双手洗净，并仔细检查准备铺用的每块台布，发现有残破、油渍和皱褶的台布则不能继续使用。最后，应根据餐厅的装饰、布局确定席位。操作时，餐厅服务员应将主人[①]处餐椅拉开至右侧餐椅后边，站立在主人餐椅处，距餐台约 40 cm，将选好的台布放于主人处的餐台上。

2. 台布铺设方法

中餐台布铺设的常用方法有三种：

① 中餐宴会通常都有主人、副主人、主宾、副主宾和其他陪同人员，各自都有固定的座次安排。一般来说，背对着餐厅重点装饰面、面向众席的是上首，主人在此入座，副主人坐在主人对面，主宾坐于主人右侧，副主宾坐于副主人左侧。

（1）推拉式

即用双手将台布打开后放至餐台上，将台布贴着餐台平行推出去再拉回来。这种铺法多用于零餐餐厅或较小的餐厅，或因有客人就座于餐台周围等候用餐时，或在地方窄小的情况下。推拉式铺台布如图 1—11 所示。

a)

b)

图 1—11　推拉式铺台布

a）双手将台布打开后放至餐台上　b）将台布贴着餐台平行推出去再拉回来

（2）撒网式

即用双手将台布打开，平行打折，站立姿势为右脚在前、左脚在后，双手将打开的台布提拿起来至胸前，双臂与肩平行，上身向左转体，下肢不动并在右臂与身体回转时，台布斜着向前撒出去，将台布抛至前方时，上身转体回位并恢复至正位站立，这时台布应平铺于餐台上。抛撒时，动作应自然潇洒。这种铺台布方法多用于宽大场地或技术比赛场合。撒网式铺台布如图 1—12 所示。

a)

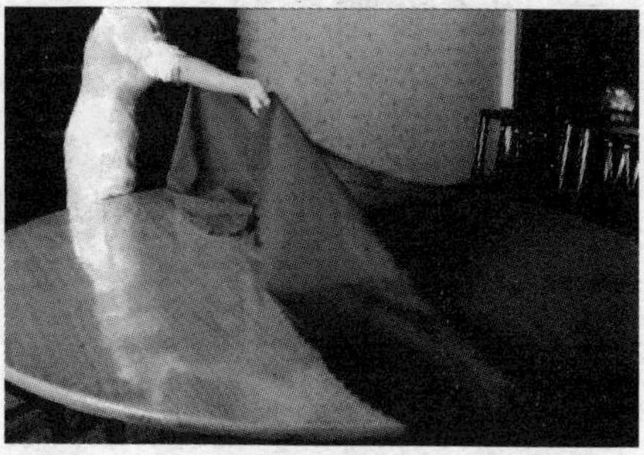

b)

图 1—12　撒网式铺台布

a）双手将台布打开　b）将台布平铺于餐台上

（3）抖铺式

即用双手将台布打开，平行打折后将台布提拿在双手中，身体呈正位站立式，利用双腕的力量，将台布向前一次性抖开并平铺于餐台上。这种铺台布方法适合于较宽敞的餐厅或在周围没有宾客就座的情况下进行。抖铺式铺台布如图 1—13 所示。

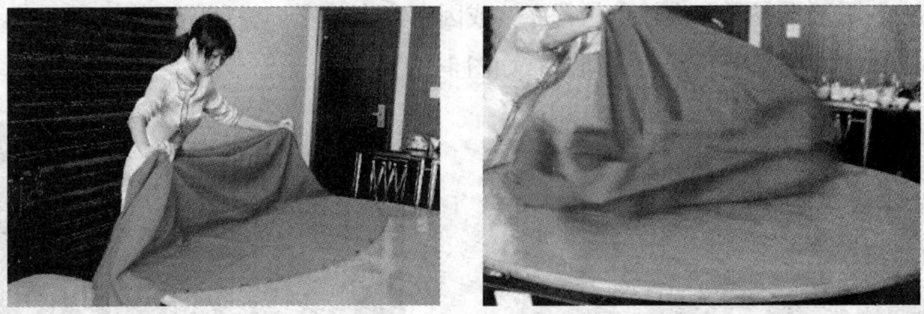

a)　　　　b)

图 1—13　抖铺式铺台布

a）用双手将台布打开　b）将台布向前一次性抖开并平铺于餐台上

技能要求

铺中餐台布

一、操作准备

操作餐厅 1 间，100 cm×100 cm、150 cm×150 cm 圆台各 1 张，配套餐椅各 10 把，180 cm×180 cm、160 cm×160 cm 圆台台布各 1 块，方台 1 张，方台台布 1 块。

二、操作步骤

步骤 1： 正确选用台布

根据不同规格的餐台选择大小适宜的台布。台布的尺寸要求是台布四边均匀下垂 30 cm 为宜。

步骤 2： 选择铺设方法

根据不同规格的餐台选择合适的铺设方法，并认真做好铺台布前的准备工作。

步骤 3： 台布铺设

1. 铺台布时，服务员站在主人座位处，双手将台布打开并提拿好，身体略向前倾。

2. 运用双臂的力量，将台布朝副主人座位方向轻轻地抛抖出去。在抛抖过程中，做到用力得当，动作熟练，一次抖开并到位。

3. 铺好的台布要求做到台布图案花饰端正，中凸线穿过正副主人的位置，十字折线居中，四角与桌腿成直线平行，并与地面垂直，台布四边均匀下垂。

步骤4： 整理

如需调整台布，应按顺时针方向绕台一周进行。最后将主人座位的餐椅送回原位。

三、注意事项

1. 铺台布时，台布不能接触地面，台布中间折纹的交叉点应正好在餐台的中心处。

2. 铺好的台布应正面朝上，平整无褶皱。

学习单元2　摆放中餐台餐具

学习目标

- 了解中餐餐具的种类及使用方法
- 掌握中餐便餐摆台的操作方法及要领
- 能够掌握操作规范、技术娴熟的摆放餐具技能

知识要求

中餐餐具品种较多，按餐具材质可分为瓷器、金属器皿和玻璃器皿三大类。随着时代和技术的发展，餐具种类出现了水晶、陶制品、竹木藤器等新型材质。现对餐厅中常见的餐具介绍如下：

一、中餐餐具

1. 餐酒具

常见的餐酒具有垫盘、餐碟、汤碗、汤勺、味碟、筷架、筷子、水杯、葡萄酒杯、白酒杯等，如图1—14a所示。

2. 用具

常见的用具有公用筷勺、调味用具、牙签、烟缸、菜单等，如图1—14b所示。

a)

b)

图 1—14　各种餐酒具和用具

a）餐酒具　b）用具

二、中餐便餐摆台的分类及摆放要求

1. 早餐摆台要求

（1）个人餐位前的餐具摆放

摆早餐餐具时，先放餐碟，餐碟离桌边 2 cm，餐碟的左上方放汤碗，汤碗与餐碟俯视相距 1 cm，碗内的汤勺柄朝左，餐碟的右上方放水杯（果汁杯），汤碗与水杯相距 1 cm，水杯的右侧放上筷架和筷子，要求汤碗的碗心、水杯的杯心、筷架在一条直线上且平行于桌边，筷子垂直于筷架，筷尾距桌边 2 cm。餐巾叠盘花，通常为统一的一种花型。

（2）公用餐具摆放

圆桌中心摆放花瓶，调味用具放在花瓶旁边；方桌上的花瓶放在靠墙的一边，调味瓶、牙签筒可放在花瓶旁边。

2. 午晚餐摆台要求

（1）个人餐位前的餐具摆放

午晚餐的餐具摆放，是在早餐餐具摆放的基础上，再增加一个味碟。摆放方法：将水杯挪开，在水杯位置上放上味碟，再将水杯放在汤碗、味碟的正前方，距汤碗、味碟 1 cm。餐巾叠盘花，通常为统一的一种花型。

（2）公用餐具摆放

圆桌中心摆放花瓶，酱油壶、醋壶和盐筒、胡椒筒分别放在主人席位的左右侧、台布中心线两旁，公用餐具（公筷和公勺）放在公用餐具架上，摆在正副主人餐具的前面；方桌上的花瓶放在靠墙的一边，调味瓶、牙签筒可放在花瓶旁边。

技能要求

中餐便餐摆台

一、操作准备

工作台 1 个、圆台 1 张、靠背椅 10 把、台布 1 块、花瓶 1 只、餐碟 10 个、汤碗 10 只、汤勺 10 把、味碟 10 只、水杯 10 只、筷架 10 个、筷子 10 双、酱油壶 1 个、醋壶 1 个、胡椒筒 1 个、盐筒 1 个、公用架 2 个、公用勺 2 把、公用筷 2 双、托盘 2 只。

二、操作步骤

在规定时间内按操作方法及要领完成 10 人席的中餐便餐摆台。中餐便餐摆台程序如下：

步骤 1：铺台布

站在主人位铺台布，台面中心线居中，十字交叉点居桌中心，台布正面朝上、台面平整、四角下垂的长度相等。

步骤 2：放置花瓶

花瓶放在台布中心。

步骤 3：放置餐碟

餐碟离台边约 2 cm，相互间距相等，定位准确，餐碟上的店徽应对准客人。

步骤 4：放置汤碗、汤勺、味碟

汤碗在餐碟的左上侧间距 1 cm，汤勺放在汤碗内，勺柄向左；味碟在餐碟的右上侧与汤碗在一条直线上并相距 1 cm。

步骤 5：放置筷架、筷子

筷架放在味碟的右侧相距 1 cm，筷子 1/3 搁在筷架上，筷头对准中心，筷尾距桌边约 2 cm。

步骤 6：放置水杯

水杯放在汤碗和味碟的正上方，距汤碗、味碟 1 cm。

步骤 7：放置公用勺、筷与调味用具公用架放在正副主人前面中心线左侧 3 cm 处，公用筷与公用勺平行放在公用架上与中心线垂直并两边对称，公用筷靠台心，公用勺靠水杯；酱油壶、醋壶和盐筒、胡椒筒分别放在主人席位的左右侧、台布中心线两旁，间距 1 cm；公用勺、筷与餐具间距 5 cm。

步骤 8：拉椅

从主人座位处拉椅，把椅子拉成圆形，椅子间距相等，椅背中心对餐碟，椅子边缘与下垂的台布相齐。

中餐便餐台成形效果如图 1—15 所示。

a)

b)

图 1—15　中餐便餐摆台效果

a）整体效果　b）一个餐位效果

三、注意事项

1. 操作顺序

摆台从主位开始，顺时针依次摆放。

2. 托盘姿势

托盘姿势正确，不搁臂，不碰胸、腰，操作时托盘要拉开、端稳，行走轻松自然。

3. 仪容仪表与卫生

着装、化妆、饰物和头发等符合要求，操作时动作、神态自然，手法卫生。

4. 整体质量评价

清洁卫生，布局合理，美观大方。

第3节 餐巾折花

学习目标

➢了解餐巾的种类和作用

➢掌握餐巾折花的基本技法

➢能够形成操作规范

➢能够熟练掌握折叠10种花型的技法

知识要求

餐巾又名口布，是餐厅中常备的一种卫生用品，也是一种装饰美化餐台的艺术品。

一、餐巾的作用和种类

1. 餐巾的作用

(1) 餐巾是餐饮服务中的一种卫生用品

宾客用餐时，将餐巾放在膝上或胸前，可用来擦嘴或防止汤汁、酒水弄脏衣物。

(2) 餐巾可以装饰美化餐台

不同的餐巾花型可以烘托出不同的宴会主题。形状各异的餐巾摆放在餐台上，给人以美的享受。

(3) 餐巾花型可以烘托就餐气氛

如用餐巾折成喜鹊、和平鸽等花型，表示欢快、和平、友好，给人以诚悦之感。如折出比翼齐飞、心心相印的花型送给一对新人，可以表达出永结同心、百年好合的美好祝愿。

(4) 餐巾花型的摆放可标出宾主的席位

一般主人位上的花型要高大醒目，主宾位的餐巾折花要求精细、挺拔，有一定的代表性。

2. 餐巾的种类

(1) 按质地可分为棉织品餐巾和化纤织品餐巾

棉织品餐巾吸水性较好，去污力强，浆熨后挺括，造型效果好，但折叠一次后效果才最佳。化纤织品餐巾色泽艳丽，透明感强，富有弹性，如一次造型不成，可以二次造型，但吸水性差，去污力不如棉织品。

（2）按颜色可分为白色餐巾和彩色餐巾

白色餐巾给人以清洁卫生、恬静优雅之感，可以调节人的视觉平衡，可以安定人的情绪。彩色餐巾可以渲染就餐气氛，如大红、粉红色餐巾给人以庄重热烈的感觉；橘黄、鹅黄色餐巾给人以高贵典雅的感觉；湖蓝色餐巾在夏天能给人以凉爽、舒适之感。

二、餐巾折花的种类与技法

1. 餐巾折花的种类

（1）按摆放的方式分为杯花和盘花

杯花属中式花型，需要插入杯中才能完成造型，出杯后花形即散。由于折叠过程中，对餐巾进行多次折、攥等，而且在插杯过程中容易造成污染，所以目前杯花使用日益减少。

盘花属西式花型，花形成型后不会自行散开，可放于盘中或其他盛器及桌面上。因盘花简洁大方、美观适用，所以，盘花使用日益增多并将逐渐取代杯花。

（2）按餐巾花外观造型分为动物类、植物类、实物类

动物类餐巾花包括飞禽、走兽、昆虫、鱼虾等，其中以飞禽为主，如白鹤、孔雀等。动物类造型有的取其整体，有的取其特征，形态逼真，活泼可爱。

植物类餐巾花包括各种花草、蔬菜、水果等，其中以花草为主，如荷花、月季花、水仙等。植物类造型有的取其花的造型，有的取其叶、茎、果实等的造型，美观大方。

实物类餐巾花是指模仿日常生活中各种实物形态折叠而成，如花篮、折扇、蜡烛等。

2. 餐巾折花的基本折叠法

餐巾折花的基本折叠方法即初步折叠成形可分为正方折叠、长方折叠、长方翻角折叠、条形折叠、三角折叠、菱形折叠、锯齿折叠、尖角折叠、提取折叠、翻、折角折叠等十余种。每种基础造型通过局部变化，又能折成很多花型。

（1）正方折叠

餐巾的巾边平行相对，两次对折成正方形。这是一种使用较多的折叠法。

在正方折叠过程中，改变巾角的翻折方法、数量和位置，再行折裥，即可变换

出多种花型。巾角翻折变化一般有两种方法：一是餐巾折成长方形后，先折角再折叠成正方形；二是折叠成方形后再折角。

(2) 长方折叠

餐巾巾边平行折叠成长方形，有两种方法：一是多层相叠成窄长方形；二是折成双层阔长方形。通过折叠层次、距离的变化而改变花型。

(3) 长方翻角折叠

将餐巾平行对边相叠折成长方形，再将巾角翻上的一种折叠法。巾角的翻折有单面翻角、双面翻角、交叉翻角等变化。通过变化折叠的层次、翻角的数量、角度的大小而变换花型。

(4) 条形折叠

将餐巾摊平直接折裥或先对折后再折裥形成细长条形。

(5) 三角折叠

餐巾的相对巾角对折成三角形或再把三角形的底边对角对折折叠成双层三角形。在三角形的基础上，通过卷折、翻折角、插入等方法变换花型。

(6) 菱形折叠

将餐巾的巾角相对，分别向角的中线对折，折叠成菱形。通过变化折裥的数量、调节折条的两端距离、改变中间相叠部位的阔窄等，可以折出不同的花型。不少鸟类与其他动物的造型，均用此折叠法。

菱形折叠的折裥有两种变化：一是成形后直接在正面折裥，其特点是折拢后头尾分叉，线条纵横层次变化多；二是将菱形翻面再折裥，如此折拢后，头尾裹紧，表面较光滑平整。

(7) 锯齿折叠

也称错位折叠，将餐巾的四巾角错位相交，折叠而成锯齿形状。根据齿间距离的大小，又可分为大锯齿、小锯齿、双齿等形状。

(8) 尖角折叠

将餐巾的一角固定，用此角的两边向中间折叠或向中间卷折成尖角形。此种折叠法适用于一头大一头小的物体造型。

(9) 提取折叠

用手指捏住餐巾的中心或四角或四边的中点直接提起；或是固定中心，转动四周巾边，再翻转顶起即成。在上述初步造型的基础上，通过翻折而成各种花型。此法提取虽较简便，但也要注意，提取部位不能偏斜，翻折角要大小一致，否则会影响美观。

（10）翻、折角折叠

将餐巾的一角或数角通过翻折造型或折裥后进行翻折、组合的一种折法。如将餐巾的四角向中心经过正反面多次翻折而成；将餐巾的一角通过翻折、折裥而成；将餐巾的几角翻折、折裥，再组合而成。折角组合的折法比较麻烦，几角同时折裥，然后再组合时，必须十分细心，否则就无法成形。

以上 10 种基本折叠法，概括了餐巾折花常用的一般折叠规律。熟悉这些折叠法的特点，对于掌握折叠技巧和进行再创造是十分必要的。

3. 餐巾折花的基本技法

餐巾折花的基本技法包括折叠、推折、卷筒、翻拉、穿、捏六大部分，如图 1—16 所示。

a)

b)

c)

d)

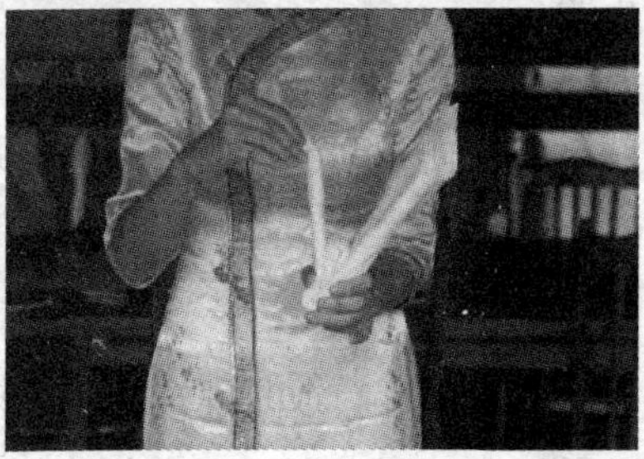

e)

f)

图 1—16　餐巾折花的基本技法

a）折叠　b）推折　c）翻拉　d）卷筒　e）捏　f）穿

（1）折叠

将餐巾平行取中一折为二、二折为四，或者折成三角形、长方形等其他形状。折叠的要求是：要熟悉基本造型，折叠前算好角度，一次折成，避免反复，以免餐巾上留下一条褶痕，影响餐巾美观。

（2）推折

在打折时，两个大拇指相对成一线，指面向外，指侧面按紧餐巾推折，这样形成的褶比较均匀。初学可以用食指或中指向后拉折，这时应用食指将打好的褶挡住，中指控制好下一个褶的距离，三个指头互相配合。推折时，要在光滑的盘子或托盘中进行。推折可分为直线推折、斜线推折，折成一头大一头小的褶或折成半圆形或圆弧形。

（3）卷筒

将餐巾卷成圆筒并制出各种花型的一种手法。卷的方法可以分为直卷和螺旋卷两种。直卷是指餐巾两头一定要卷平；螺旋卷是指先将餐巾折成三角形，餐巾边要参差不齐。无论是直卷还是螺旋卷，餐巾都要卷紧，如卷得松就会在后面折花中出现软折。

（4）翻拉

将餐巾折卷后的部位翻成所需花样，翻拉大都用于折花鸟。操作方法是：一手拿餐巾，一手将下垂的餐巾翻起一角，拉成花卉、鸟的头颈、翅膀、尾巴等形状。翻拉为花卉的叶子时，要注意叶子两边对称大小一致，距离相等；翻拉鸟的翅膀、尾巴或头时，一定要拉挺，不要软折。

（5）穿

穿是指用工具从餐巾的夹层褶缝中边穿边收，形成皱褶，使造型更加逼真美观的一种手法。穿时左手握住折好的餐巾，右手拿筷子，将筷子的一头穿进餐巾夹层褶缝中；另一头顶在自己身上，然后用右手的拇指和食指将筷子上的餐巾一点一点往里拉，直至把筷子穿过去。皱褶要求拉得均匀，穿好后，要先将折花插进杯子，再把筷子抽掉，否则皱褶易变形。

（6）捏

捏的方法主要用于折鸟的头部。操作时先将鸟的颈部拉好（鸟的颈部一般用餐巾的一角）；然后用一只手的大拇指、食指、中指三个指头，捏住鸟颈的顶端；食指向下，将餐巾一角的顶端尖角向里压下，大拇指和中指将压下的角捏出尖嘴。

三、餐巾折花的注意事项

1. 操作前要洗手。

2. 在干净的餐盘或台面上操作。

3. 操作时不允许用牙咬。

4. 放花入杯时，要注意卫生，手指不允许接触杯口，杯身不允许留下指纹。

5. 餐巾折花插入杯内的部分要整齐，深度要恰当。一般插入杯中的深度以 2/3 为宜。

技能要求

折叠 10 朵餐巾花

（范例：彩蝶纷飞、和平鸽、四尾金鱼、鸵鸟、白鹤、冰玉水仙、迎宾花篮、单荷花、枫叶、松花结蒂）

一、操作准备

工作台 1 张、水杯 10 只、餐巾 10 块、筷子 1 双。

二、操作步骤

技能 1　彩蝶纷飞

步骤 1：将餐巾反面朝上，对折成长方形。

步骤 2：将左边一片巾角向上翻折成大三角形。

步骤 3：将右边一片巾角向上翻折成小三角形。

步骤 4：将底面朝上，用同样的方法依次折叠成大小两个三角形。

步骤 5：四片巾角分别在长方形的两侧，翻折的三角形要求两大两小。

步骤 6：接着从餐巾的中间向两边均匀折裥。

步骤 7：左手攥住餐巾的中下部，右手将一根筷子运用穿的技法穿过折裥。

步骤 8：装入杯中。

步骤 9：抽去筷子，整理成型。

“彩蝶纷飞”操作步骤如图 1—17 所示。

“彩蝶纷飞”成品如图 1—18 所示。

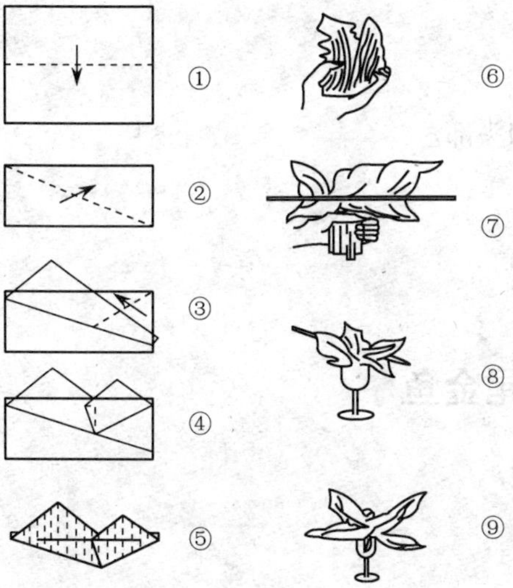

图 1—17　“彩蝶纷飞”操作步骤

图 1—18　“彩蝶纷飞”成品

技能 2　和平鸽

步骤 1： 将餐巾反面朝上，对折成长方形。

步骤 2： 将左边一片巾角沿虚线向上对折。

步骤 3： 将左边一片巾角向上对折成三角形。

步骤 4： 再对折成正方形。

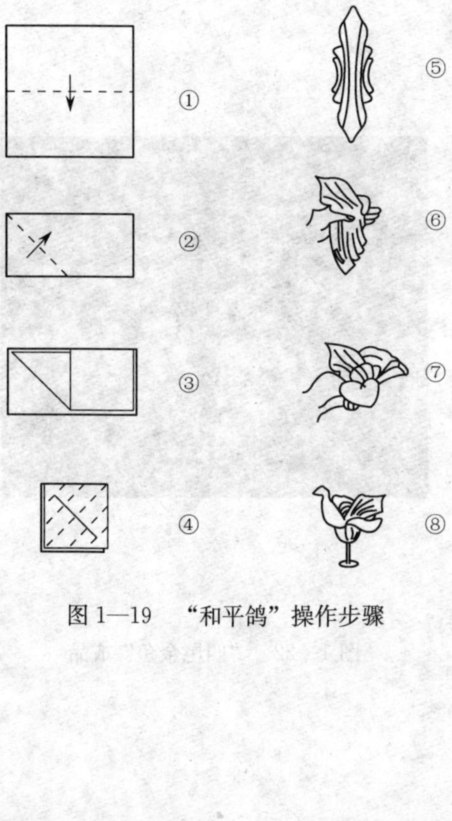

图 1—19　“和平鸽”操作步骤

图 1—20　“和平鸽”成品

步骤5：从中间向两边均匀折裥。

步骤6：将和平鸽的尾巴拉出。

步骤7：将三片巾角整理成鸽子的翅膀和头部。

步骤8：装入杯中，整理成型。

“和平鸽”操作步骤如图1—19所示。

“和平鸽”成品如图1—20所示。

技能3　四尾金鱼

步骤1：将餐巾反面朝上，对折成长方形。

步骤2：将长方形对折成正方形。

步骤3：从中间向两边均匀折裥。

步骤4：在折裥的2/3处弯折。

步骤5：弯折后左手攥住餐巾，将露出左手1/3的餐巾整理成金鱼的头部，另2/3的餐巾（四片巾角）整理成金鱼的尾巴。

步骤6：装入杯中，整理成型。

“四尾金鱼”操作步骤如图1—21所示。

“四尾金鱼”成品如图1—22所示。

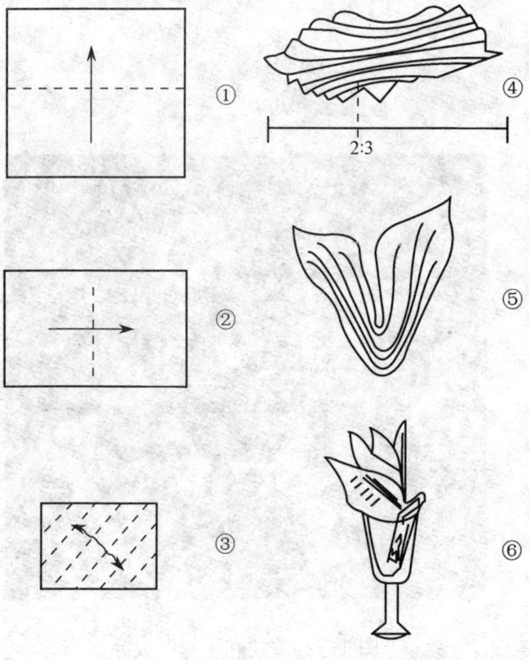

图1—21　“四尾金鱼”操作步骤

图1—22　“四尾金鱼”成品

技能 4　鸵鸟

步骤 1：将餐巾反面朝上，呈菱形放置。

步骤 2：将左边巾角向中间对折。

步骤 3：将右边巾角向中间对折。

步骤 4：将底面朝上，尖角部位朝向自己。

步骤 5：均匀折裥，朝下的小三角做鸵鸟尾巴，朝上的大三角做鸵鸟头。

步骤 6：将餐巾从中间对折，做成鸵鸟的身体。

步骤 7：手握鸵鸟身体，将大三角向上回折做鸵鸟的头。

步骤 8：装入杯中，整理成型。

“鸵鸟”操作步骤如图 1—23 所示。

“鸵鸟”成品如图 1—24 所示。

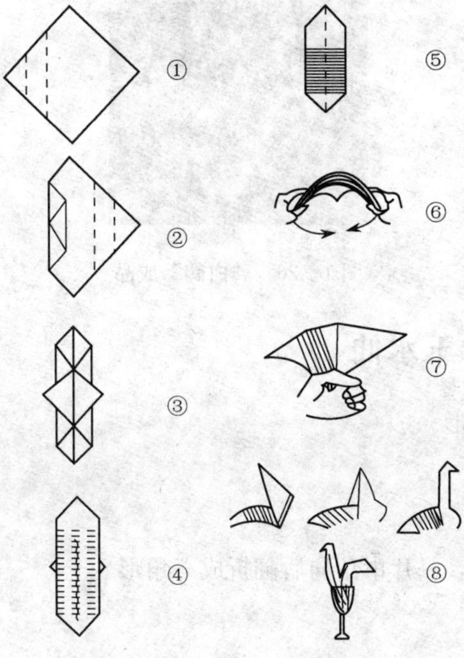

图 1—23　“鸵鸟”操作步骤

图 1—24　“鸵鸟”成品

技能 5　白鹤

步骤 1：将餐巾反面朝上，呈菱形放置。

步骤 2：从一巾角的两边向中间斜卷。

步骤 3：两卷相并呈领带状。

步骤4：将尖头部位反折成W形。

步骤5：将尖角捏成白鹤的头。

步骤6：装入杯中，整理成型。

“白鹤”操作步骤如图1—25所示。

“白鹤”成品如图1—26所示。

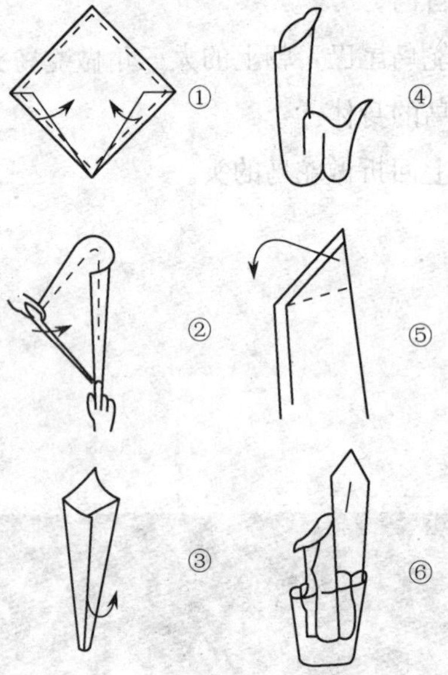

图1—25 “白鹤”操作步骤

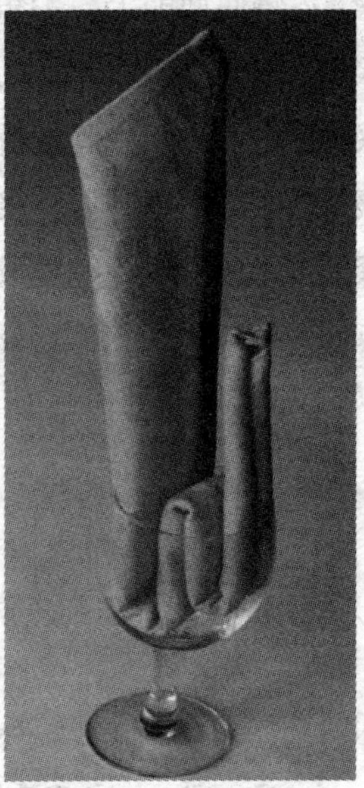

图1—26 “白鹤”成品

技能6 冰玉水仙

步骤1：将餐巾反面朝上，对折成长方形。

步骤2：将长方形对折成正方形。

步骤3：将正方形的巾角对折。

步骤4：将三片巾角向上对折成三角形，一片巾角向后翻折成三角形。

步骤5：从中间向两边均匀折裥。

步骤6：将餐巾攥在左手。

步骤7：右手用力把四片巾角整理成花瓣。

步骤8：装入杯中，整理定型。

“冰玉水仙”操作步骤如图1—27所示。

“冰玉水仙”成品如图1—28所示。

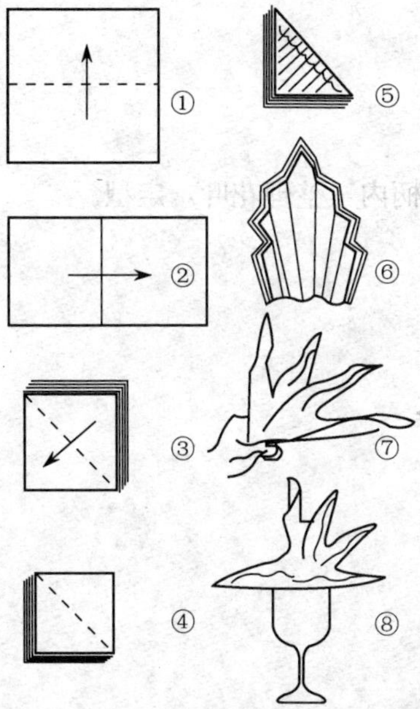

图 1—27　“冰玉水仙”操作步骤

图 1—28　“冰玉水仙”成品

技能 7　迎宾花篮

步骤 1：将餐巾反面朝上，呈菱形放置。

步骤 2：对折成三角形，上小下大。

步骤 3：从三角形的底边向上卷，留一小三角（约 10 cm 左右）。

步骤 4：将小三角的上面一层向后回折，再从卷的中间对折。

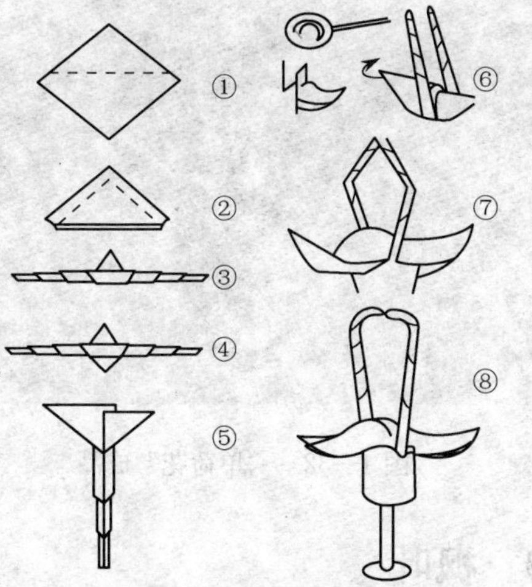

图 1—29　“迎宾花篮”操作步骤

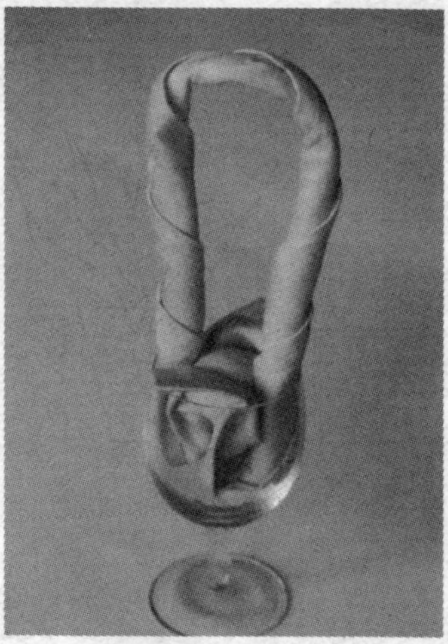

图 1—30　“迎宾花篮”成品

步骤 5：对折成 V 形。

步骤 6：再将花篮的篮体折成 W 型。

步骤 7：初步整理花叶和篮柄形状。

步骤 8：装入杯中，把一侧的篮柄装入另一侧的柄内，整理花叶，定型。

“迎宾花篮”操作步骤如图 1—29 所示。

“迎宾花篮”成品如图 1—30 所示。

技能 8　单荷花

步骤 1：将餐巾反面朝上。

步骤 2：对折成长方形。

步骤 3：将长方形对折成正方形。

步骤 4：从中间向两边均匀折裥，攥在左手。

步骤 5：四片巾角朝上，将朝下的巾角向上翻折并包住餐巾，装入杯中，将四片花叶整理成荷花瓣状。

“单荷花”操作步骤如图 1—31 所示。

“单荷花”成品如图 1—32 所示。

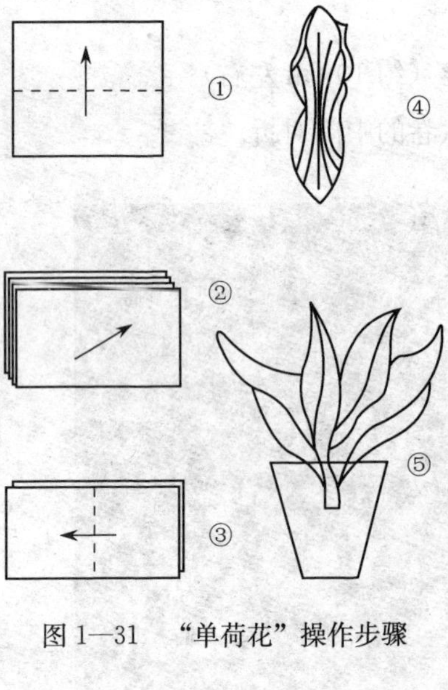

图 1—31　“单荷花”操作步骤

图 1—32　“单荷花”成品

技能 9　枫叶

步骤 1：将餐巾反面朝上，四巾角错位相交。

步骤 2： 折叠成锯齿形状。

步骤 3： 将餐巾由右向左对折，呈四片锯齿状。

步骤 4： 把底部的巾角向上翻折，折在四片锯齿状的中间。

步骤 5： 从中间向两边均匀折裥。

步骤 6： 装入杯中，整理成型。

“枫叶”操作步骤如图 1—33 所示。

“枫叶”成品如图 1—34 所示。

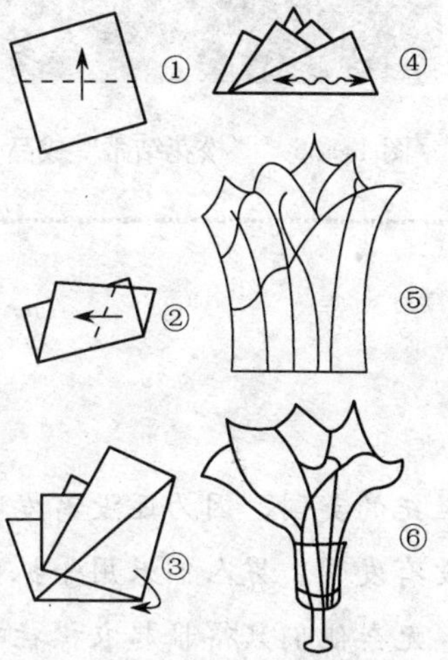

图 1—33　“枫叶”操作步骤

图 1—34　“枫叶”成品

技能 10　松花结蒂

步骤 1： 将餐巾反面朝上，对折成长方形。

步骤 2： 再对折成正方形。

步骤 3： 将正方形的第一片巾角向上翻折成三角形。

步骤 4： 将第二片巾角向上翻折成三角形。

步骤 5： 接着把余下的两片巾角依次向上翻折成三角形。

步骤 6： 每片三角形的间距为 1.5 cm 左右，成形如图所示。

步骤 7： 从中间向两边均匀折裥。

步骤 8： 完成折裥，并攥在左手，装入杯中，整理定型。

“松花结蒂”操作步骤如图 1—35 所示。

“松花结蒂”成品如图 1—36 所示。

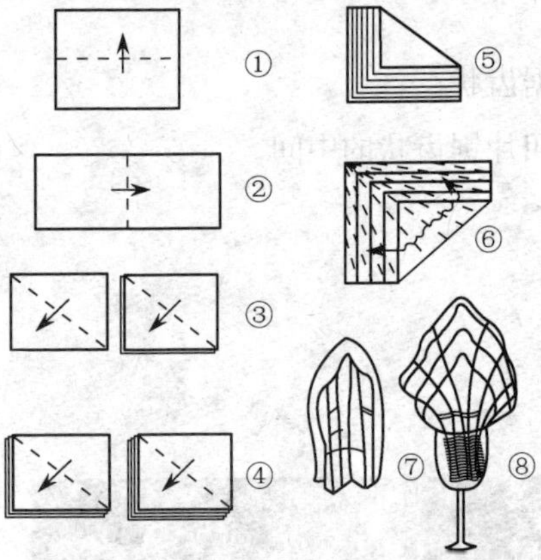

图1—35　“松花结蒂”操作步骤

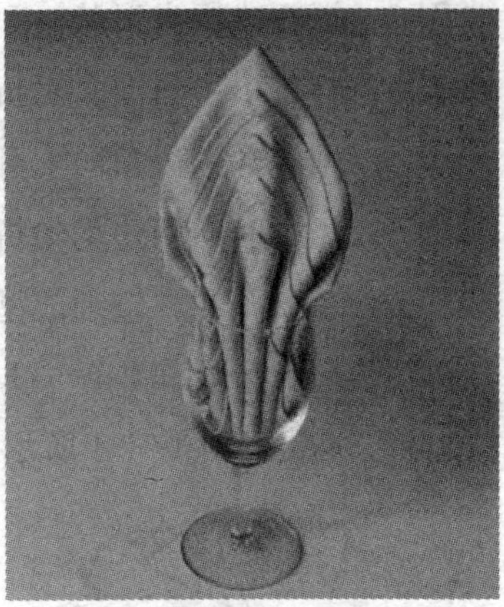

图1—36　“松花结蒂”成品

相关链接

餐巾的起源

餐巾的由来可追溯到古代。在15至16世纪的英国，因为还没有发明剃须刀，男人们都留着大胡子。当时刀叉也没有发明，男人们采用手抓肉食的方法，这就很容易把胡子弄得全是油腻，无奈他们只得扯起衣襟往嘴上擦。家庭主妇们见到这种既不卫生又失大雅的动作后就想了个办法——在男人的脖子下挂块布巾，这就是最初的餐巾。由于这种大块的餐巾使用时显得过于累赘，英国伦敦有一名裁缝想出了一个新主意，将餐巾裁成一块块的小方块，使用时挺方便，从而逐渐形成了现在宴席上用的餐巾。

在我国古代也有原始的餐巾。《周礼·天官·幂人》载：幂人“掌其巾幂”，即用巾覆盖食物之意。《周礼·天官·冢宰》中又载有“幂人”即专管王室日用巾幂的职官，当时一个“幂人”领导30多人，其中“奄”（行宫刑男奴）1人、“女幂”（制裁巾幂的女奴）10人、“奚”（奚族奴隶）20人。他（她）们都是在王宫中专管罩护食物等工作。由此可见，在两千多年前，我国就已用毛巾覆盖食物，这也可算是世界上最古老的餐巾。到了清代，皇帝吃饭的时候使用名为“怀挡”的餐巾，绣有福寿吉祥图案，用明黄（皇帝御用的颜色）绸缎绣制而成。它的一角还有扣绊，便于用餐时套在衣扣上。这种具有中国特色的餐巾，比一般的西方餐巾要华贵得多，而且使用也方便。

思考题

1. 托盘行走的基本步法有哪些？简述使用场合。
2. 轻托服务要注意哪些细节问题？
3. 简述台布铺设方法和每种方法的应用场合。
4. 餐巾有哪些作用？
5. 餐巾折花的技法有哪些？

第2章 接待服务

第1节 礼仪接待

学习目标

- 了解餐厅迎宾（领位）服务员礼仪知识
- 掌握迎宾（领位）服务要领
- 能满足不同客人需求
- 能够熟练掌握餐厅的礼仪接待服务技能

知识要求

仪容指人的容貌，仪表指人的外表。一般来说，仪容仪表包括人的容貌、服饰、个人卫生和姿态等方面，是一个人精神面貌的外观体现。仪态指人在行为中的姿势的风度。姿势是指身体呈现的样子，风度是气质方面的表露。一个人的仪容、仪表、仪态往往与其生活情调、思想修养、道德品质和文明程度密切相关。

一、接待服务举止

1. 餐厅服务员的站姿

站立服务是餐厅服务员的基本功之一。“站如松”是说人的站立姿势要像青松一般端庄挺拔。站姿的基本要求是：站正，自然亲切，稳重。具体要领是：上身正直，头正目平，面带微笑，微收下颌，肩平胸挺，直腰收腹，两臂自然下垂，两腿相靠直立，肌肉略有收缩感。站立时，切忌东倒西歪，耸肩勾背，懒洋洋地倚靠，这不仅给人以缺乏自信感，而且有失仪表的端庄。

女士站立时，双脚呈 V 字形，双膝和脚后跟要靠紧，张开的距离为 20～25 cm。穿礼服或旗袍时，不要双脚并列，两脚之间应相距 5 cm，以一只脚为重心。男士站立时，双脚与肩同宽，上体保持正直，不可把脚叉开很大。站立时禁止歪脖、斜腰、挺腹、屈腿等。

礼貌的站姿，给人以舒展俊美、积极向上的好印象。正确的站姿、站功是餐厅服务员必备的专业素质。餐厅服务员上岗时，站姿一定要规范，特别是在隆重、热烈、庄重的场合，更要一丝不苟地站好。

(1) 垂手（臂）式

同基本站姿。从正面看，主要特点是头正、肩平、身直；从侧面看，其主要轮廓线为含颌、挺胸、收腹、直腿。垂手（臂）式站姿如图 2—1 所示。

图 2—1　垂手（臂）式站姿

(2) 腹前握手（指）式

在基本站姿的基础上，双手握于腹前，右手在上，男士握住左手的手背部位，女士握住左手手指部位，双手交叉点在衣扣垂直线上。男士也可将两脚分开平行站立，即左脚向左侧移一步，两脚之间距离不得超过肩宽，身体直立，重心落在两脚上；女士可右脚在前，将右脚脚跟靠于左脚脚弓部位，即成右丁字步，身体重心可在两脚上，也可落在一只脚上，通过重心转移来减轻疲劳。腹前握手（指）式站姿如图 2—2 所示。

a)

b)

图 2—2 腹前握手（指）式站姿

a）远景 b）近景

（3）双臂后背式

在基本站姿的基础上，脚尖展开约 60°，也可左脚向左侧移一步，两脚之间距离不得超过肩宽，双手在身后相握，右手握住左手手指或手腕部位，置于髋骨处，两臂肘关节自然内收。双臂后背式站姿如图 2—3 所示。

图 2—3 双臂后背式站姿

2. 餐厅服务员的坐姿

就坐姿而言，女士的膝盖绝对不可分开，小腿也要合拢；男士则可两腿略分开，看起来既不拘束又显得稳重。至于两手的位置，有扶手可放在扶手上；若没有扶手，男士则两手轻放两腿上，女士可双手交握轻放腿上。

（1）垂直式坐姿

垂直式坐姿如图 2—4 所示。

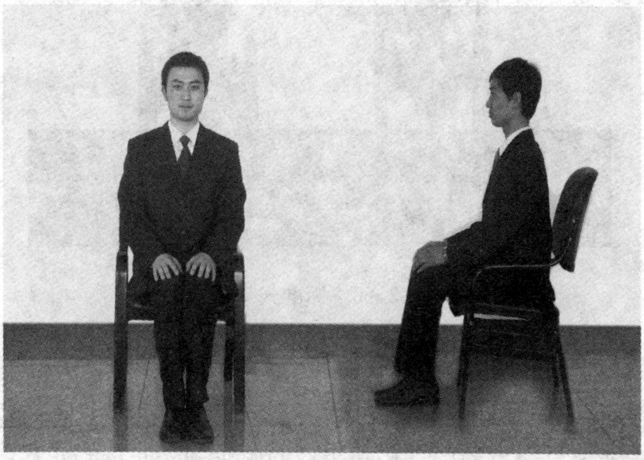

图 2—4　垂直式坐姿

（2）屈直式坐姿

屈直式坐姿如图 2—5 所示。

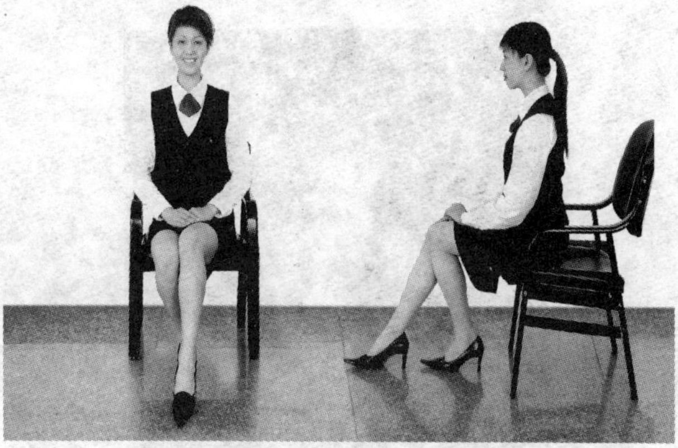

图 2—5　屈直式坐姿

（3）标准式坐姿

标准式坐姿如图 2—6 所示。

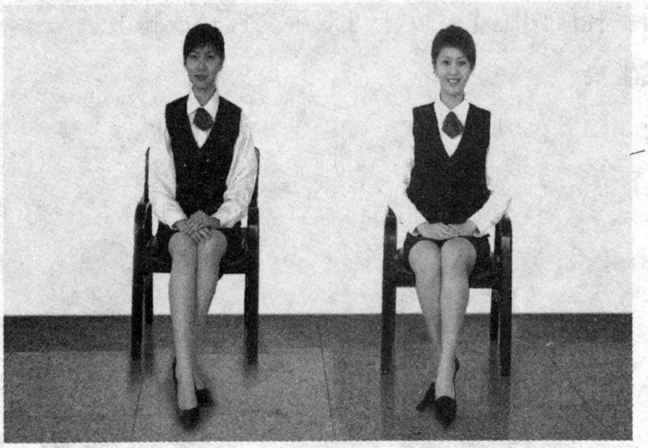

图 2—6　标准式坐姿

3. 餐厅服务员的走姿

走姿要求“行如风”，即走起路来要轻而稳，既像春风一样轻盈，又要从容稳健。走姿的基本要求是：挺起胸，抬起头、两眼平视，步度和步位要合乎标准。走路不要低头，后仰，切忌里八字或外八字。走路要用腰力，具有韵律感。男士行走，两脚跟交替前进，两脚尖稍外展。女士则两脚都要踏在一条直线上，称“一字步”，以显优美。步度是指跨步时两脚间的距离，标准的步度是本人的一脚之长。女士穿裙装或旗袍配高跟鞋时，步度可略小些，如图 2—7 所示。

图 2—7　走姿

餐厅服务员的走姿还要特别注意以下三点：

(1) 在服务区内，任何情况下不能跑。

（2）在服务区内碰到客人，要主动礼让客人的行走线路，并向客人点头致意。

（3）在走廊、拐角和楼梯上行走，要密切注意客人的行走线路，及时礼让。

4. 餐厅服务员的礼仪规范

培养餐厅服务员优美的服务姿态，是提高服务质量的需要，同时，也是餐厅服务员高雅气质的外在表现。因此，餐厅服务员在工作中要严格遵守以下礼仪规范：

（1）必须按规定着装上岗，佩戴标志，服装平整，纽扣系齐；不得卷裤脚，不准穿背心、短裤、拖鞋上岗。要容貌整洁，仪容仪表大方端庄。坐、立、走姿势端正；不得把脚放在桌上或椅上，举止要文雅。

（2）工作时不准饮酒，不吃葱、蒜等异味食品。在宾客面前不准吸烟、吃东西，不要手叉腰，不可修指甲、剔牙、挖鼻、挖耳、搓泥、搔痒、抓头、打嗝、伸懒腰、打喷嚏、打哈欠。如忍不住打喷嚏时，应用手帕掩住口鼻，面向一旁。

（3）说话轻、走路轻、操作轻，保持餐厅安静；不得串岗、喧哗，不要高声应答，如距离较远，可招手示意。

（4）为客人引位时，应掌心向上，四指并拢，大拇指张开，前臂自然上抬伸直。指示方向，应面带微笑，上体前倾，眼睛看着目标方向，同时兼顾客人，以示诚恳、恭敬。

（5）迎客走在前，送客走在后，遇拐弯或台阶处应示意客人。对迎面而来的客人应微笑点头致意，或主动让道，侍立一旁，让客人先行，并说“您好”“您请”等礼貌用语，不得抢行或超越客人。

（6）取送物品或菜点时用托盘，取低矮或落地物品，不要低头弯腰，应两脚稍分，屈膝下蹲拾起，以示文雅。

5. 餐厅服务员的其他行为举止规范

（1）不要用食指或中指指示。

（2）介绍、指引方向等使用手势时，要五指自然并拢，使用整个手指示。

（3）说话时要看着对方的眼睛，不要死盯住客人或者用白眼看客人。

（4）要留心客人的动作，不要在客人面前东张西望。

（5）鞠躬时要有节度、得体、大方，两手自然下垂，15°是理想的鞠躬角度。

（6）服务员之间不准交头接耳，更不准指手画脚或者议论顾客。

二、迎宾（领位）服务员工作要领

迎宾服务员的仪容仪表、礼貌素质、服务水准将给客人留下第一印象，对整个餐厅的形象服务产生极重要的影响，迎宾的工作好坏还能够影响和调节整个餐厅的气氛。

客人来到餐厅门口，迎宾（领位）服务员应主动热情迎接，接挂衣帽快速准确，问候、迎接语言亲切，态度和蔼。询问客人人数，是否有订餐、订位等服务，语言规范。迎宾顺序坚持按客人到达先后，同一批客人做到先主宾、后随员，先女宾、后男宾，符合礼仪顺序。高档豪华餐厅与宴会宾客先引到贵宾室，主动递送茶水、香巾，请客人稍候或请酒店经理、餐厅主管迎接。客人进入餐厅，引导客人入座主动、规范，针对性强，与看台服务员交接，衔接协调良好。让客人有舒适感和亲切感。

迎宾（领位）服务员的工作要领包括以下几个方面：

1. 注重气质修养

餐厅迎宾（领位）服务员的个人形象端庄、大方，具备良好的气质和风度修养。服务主动、热情、态度端正，注意自己的仪容、仪表、礼节和礼貌用语，语言表达能力较强。

2. 精通业务技能

能熟练掌握迎宾（领位）服务工作内容、工作程序，善于有针对性地做好迎宾（领位）服务工作。

3. 微笑礼仪迎宾

开餐前整理个人卫生，洗脸洗手，女迎宾（领位）员化淡妆，着工作服，着装整洁，仪表、仪容端庄，美观大方，心情舒畅，面带微笑，提前10分钟上岗，准备迎接客人。

4. 细致周到服务

客人来到餐厅门口，迎宾（领位）服务员应主动热情问候，迎接语言亲切，态度和蔼，询问客人人数，是否有订餐、订位等。客人进入餐厅，及时引客人入坐，将菜单或酒水单打开第一页，从客人左手边递上，并礼貌地请客人阅读。

5. 重视送别服务

客人用餐结束来到餐厅门口，迎宾（领位）服务员应主动道谢、征求意见，与客人告别时提醒客人有无遗留物品，欢迎客人再次光临。

三、餐厅礼仪语言应用

1. 规范要求

(1) 使用普通话和敬语。如果是外宾，应熟练掌握餐厅服务的常用外语会话，以保障正常的语言沟通。

（2）语言和蔼，发自内心，对客人的用语要体现出一视同仁。

（3）语言的表达要准确、明朗、清晰，要使用贴近生活的语言、客人容易理解的语言。

（4）善于倾听对方的讲话。

（5）适时地附和与接话，不能打断客人的谈话。

（6）不要过于谦卑，不要自夸，不要发牢骚。

（7）谈话过程中不能触及客人的弱点，不能跟客人争吵。

2. 常用迎宾（领位）服务用语

（1）先生（女士），欢迎光临。

（2）早上好，先生（女士），请问共几位？

（3）请往这边走。

（4）请跟我来。

（5）小心地滑。

（6）请坐。

（7）请稍候，我马上为您安排。

（8）请等等，您的餐台马上就准备好。

（9）先生（女士），您还坐在这里吗？

（10）对不起，这里有空位吗？

技能要求

用普通话为宾客引位入座

一、操作准备

准备操作场地，标准餐厅，餐桌、餐椅。

二、操作步骤

步骤 1：准备

1. 迎宾（领位）服务员应休息充分、精神饱满、微笑自然。

2. 迎宾（领位）服务员按规定着装，符合礼仪规范，端庄整洁。

3. 立于指定位置，站姿优雅，不得倚靠门或其他物体。

4. 上岗前迎宾（领位）服务员做好仪容仪表准备，要求整洁得体。

步骤 2：迎客

1. 客人距离 1.5～2 m、感觉与客人目光相遇时，面带微笑迎上前，向客人行 30°鞠躬礼，并向客人问好和表示欢迎。

2. 致欢迎语："下午好/中午好/早上好/欢迎光临。"

步骤 3：对话

1. 礼貌地询问客人："先生/女士，您好！请问有预定吗？"

2. 若有预订，有礼貌地问清订房客人姓氏、订的包厢号等。对所有预订的客人需查对预订资料，对已抵达的客人需注明。

3. 若没有预订，礼貌地问清客人人数、具体客人情况和要求，并进行适当的推荐和介绍。询问客人人数："先生/女士，请问几位？"

步骤 4：引领

1. 右手向应行进的方向做出请的手势，"先生/女士，这边请！"

2. 走在客人略偏右的位置，相距约三步，行走速度要合适，并注意回头观察客人是否跟上了，遇到转弯时要向客人示意并略作停留，等客人走近后再继续前行。

3. 到达餐桌边后应先征询客人意见。

4. 如果是情侣，应安排幽静靠边的餐桌。

5. 单个客人应安排靠边的小餐桌。

6. 带有小孩的客人应安排在尽可能不打扰其他客人的地方。

7. 为保证有人迎候其他客人，迎宾（领位）服务员不可在楼面逗留时间过长，如遇客人要求帮助，可做解释，然后立即知会领班和服务员。

8. 客人到座位后，应问："先生/女士，请问这个位置您满意吗？"如果客人不满意，应在情况许可的情况下，尽量根据其要求予以更换，如果客人要求的餐桌已有预订，应做出解释和建议："先生/女士，非常抱歉，这张餐桌已预订了，那张餐台好吗？"

步骤 5：入座

1. 把宾客带到包厢餐厅或者大厅，询问客人是否满意，如果客人满意，请客人入座，如果客人不满意，再引领至其他包厢餐厅。

2. 为客人拉椅子，请客人入座，并协助客人存放物品和衣帽。

步骤 6：与值台服务员衔接

1. 把宾客的需求和基本情况向餐厅值台服务员交代。

2. 祝客人用餐愉快。

三、注意事项

1. 迎宾时要对老弱病残宾客进行特别引领。
2. 要关注餐厅门前秩序。
3. 应主动与餐厅值台服务员补位。

相关链接

酒店、餐饮企业服务员仪容仪表规范如图 2—8 所示。

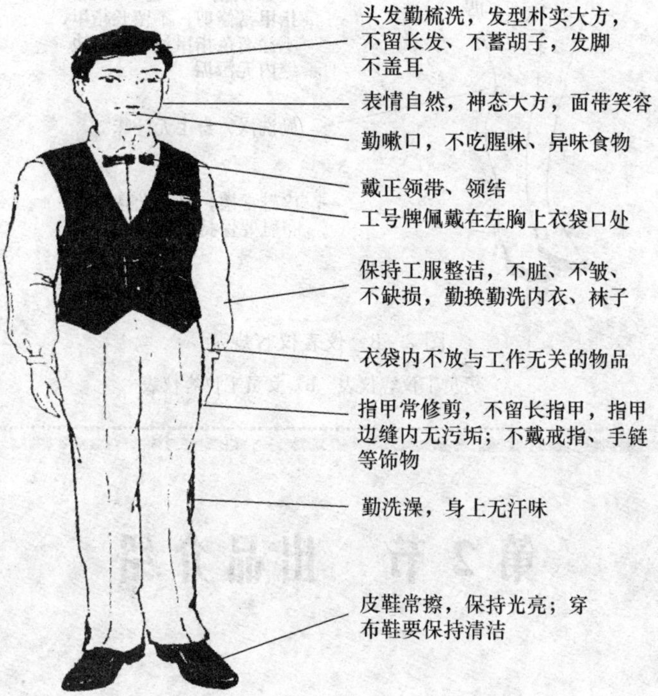

a)

相关链接

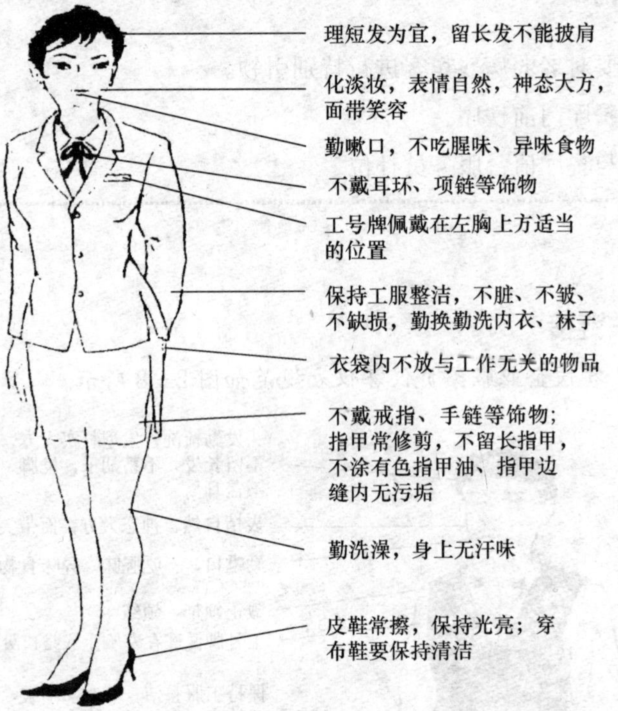

图2—8　仪表仪容规范

a）男员工仪容仪表　b）女员工仪容仪表

第2节　出品介绍

学习单元1　菜点介绍

学习目标

➢了解菜点原材料种类、特点等知识

➢熟练掌握为客人介绍菜点的技能

➢能够掌握介绍菜点出品的技能

知识要求

我国丰富的物产资源为中式烹饪提供了坚实的物质基础。常用的中式烹饪原材料丰富多彩，时令原料品种众多，稀有原料奇异珍贵。中国菜品繁多，既有经济方便的大众便餐菜式，也有乡土气息浓郁的民间菜式等。

中国菜对菜品原料的产地、季节、部位、营养、卫生的选择十分讲究，而且往往根据原料各自的特点，采用不同的烹饪技法。

一、烹饪原材料的种类

烹饪原材料是指符合饮食要求、能满足人体的营养需要并通过烹饪手段制作各种食品的可食性食物原材料。烹饪原材料应该无毒无害，可供给人体必需的各种营养素，具有良好的感官形状。

1. 动物性烹饪原材料

动物性原材料是指动物界中可被人们作为烹饪原料应用的一切动物及其副产品和加工制品。主要有高等动物性原材料，如畜类、禽类、两栖爬行类、鱼类等；低等动物性原材料如棘皮动物、软体动物、节肢动物、环节动物、腔肠动物等。

2. 植物性烹饪原材料

植物性原材料是指植物界中可被人们作为烹饪原材料应用的一切原材料及其制品。它提供的营养素主要是糖类、维生素、矿物质以及少量的蛋白质和脂肪。植物性原材料所特含的纤维素、果胶质等膳食纤维，在维持人类肠道健康上具有不可忽视的作用。

二、烹饪制熟的方法

1. 初步熟处理

烹饪原材料的初步熟处理，也称前期热处理、加热预处理等，是指把经过加工整理的烹饪原材料放入水锅、油锅、蒸锅或熏烤炙炉中，利用不同的传热介质进行初步加热，使其成为半成品，以备正式烹调之用的加工过程。此处主要介绍水加热处理工艺。

（1）焯水

又称焯烫、出水、冒水、飞水、水锅等，是指把经过初加工后的原材料，放入沸水锅里短时间加热后捞出的热处理方法。对于某些动物性原材料，焯水有助于保持其脆嫩度，如腰片、腰花经沸水焯制处理后，既可除去臊味，又能使其嫩度不受影响。对于植物性原材料，焯水不但能缩短原料在正式烹调时的受热时间，还可保持其鲜艳的色泽（特别是绿色蔬菜）。这是因为植物性原材料受热后其酶的结构被破坏而失去活性，抑制了酶促反应。值得注意的是，焯水时间不能过长，否则会造成叶绿素脱酶而变成叶黄素，使绿色蔬菜变黄。焯水依据投料时锅内水温的不同，可分为冷水焯和沸水焯两种形式。

1）冷水焯又称冷水锅，是将原材料投入冷水锅后逐步升温加热的焯水方法。它适用于需要除去某种异味，但体积又较大的一些蔬菜，如竹笋、萝卜、山药、慈姑、土豆、芋头等；也适用于需要清除较多血污和较重腥膻异味的畜禽肉类、动物内脏等。

2）沸水焯又称沸水锅，也常简称为烫等。这是将原材料投入沸腾的水锅中，待稍沸后随即取出的焯水方法。此法适用于保持鲜亮色泽或脆嫩质感的蔬菜类，如青菜、芹菜、青椒、莴笋等；也适用于处理腥膻味轻或血污少的畜禽类原料，如鸡、鸭、猪蹄膀、猪方肉等。

（2）水煮

水煮是一种独立的初步熟处理方法。制作回锅肉、锅烧鸭、炒豆泥等菜肴的主料都必须经水煮初步熟制（不是焯水）。水煮还是将原材料烹制成菜的方法之一。

（3）卤汁走红

卤汁走红又称酱锅、红锅，是把经过焯水或走油的烹饪原材料放入锅中，加入鲜汤、香料、料酒、糖色（或酱油）等，用中火或小火加热至成菜所需颜色的一种热处理方法。烹饪原材料通过卤汁走红后，表面都能附着一层浅黄或金黄、橙红、棕红等颜色，以满足菜肴色泽的需要。而且原材料放入卤汁中加热后既能除去异味，又可增加鲜香味。

除水加热处理工艺外，还有油加热处理工艺，主要有滑油、走油、过油走红、煸炒、焐油等。

2. 热菜的烹调方法

基本上可归纳为油熟法、水熟法、汽熟法和特殊熟法等几大类。

（1）油熟法

油熟法是指用油作为传热媒介而使原材料成熟的烹调方法，如炸、炒、爆、熘、烹等。

1）炸。炸是指用较多油量，根据不同原材料采用不同火候制作菜肴的烹调方法（一般油量比原料多几倍，饮食业称“大油锅”）。用这种方法加热而成的菜肴大部分要间隔炸两次。用于炸的原材料加热前一般用调味品腌渍，加热后往往随带辅助调味品（如椒盐、辣酱油等）上席。炸制菜肴的特点是香、酥、脆、嫩、色泽美观、形态各异等。

2）炒。炒是最基本的烹调技术。一般是把原材料放在热油锅内，用旺火翻拨变熟，加入调味品制作而成。炒菜可分为生炒（又称生煸）、熟炒、滑炒、煸炒、抓炒、干炒（又称干煸）和焦炒。

3）爆。爆是指将脆性原材料放入中等油量（油与原材料的比例是 2∶1）的油锅中，用旺火高油温快速烹制的一种烹调方法。爆菜的特点是脆嫩爽口，卤汁紧包原材料。

4）熘。熘是将原材料用炸的方法（或用煮、蒸、划油的方法）先加热成熟，然后调制卤汁浇淋于原料上，或将原料投入卤汁中搅拌的一种烹调方法。熘菜的特点是脆、嫩、鲜、香，卤汁较多。用于炸制或划油的大都是块、丁、条、片、丝等小料。如果是整条的原料，则必须锲花刀。熘菜一般要求旺火速成，以保持菜肴香脆、滑软、鲜嫩等特点。根据用料和操作方法的不同，熘还可分为脆熘和滑熘。

5）烹。烹是先将小型原料用旺火热油炸制成熟，再烹入调料的一种烹调方法，故有“逢烹必炸”说法（所用原料有的要拍粉，有的要挂糊，有的则清炸）。这一方法适用于加工成小型段、块及带有小骨、薄壳的原料，如对虾、子鸡块、鱼条等。原料炸好后，沥去油，再入锅加入调味汁，颠翻几下即成。烹的特点是制品外香脆里软嫩，略带汤汁，鲜醇不腻，如炸烹子鸡、炸烹鳝丝等。

（2）水熟法

1）氽。氽是汤菜的制法，将原料沸水下锅，水开滚即成的一种烹调方法。原料大多是小型的或加工成的片、丝、条、丸。一般是先将汤或水用旺火煮沸，再投料下锅，只调味不勾芡，水开即起锅。还有一种氽法，是先将原料用沸水锅烫至八成熟时捞出，放入碗内，另将已调好味的滚沸的鲜汤倒入碗内，一烫即成，这种氽法也称为汤爆或水爆。用氽制作的菜肴特点是：汤多而清鲜，质嫩而爽口，如桃仁口蘑氽双脆、生氽丸子等。

2）熬。熬是先在锅内加底油，烧热后用葱、姜炝锅，投进经过炸、煎或烫过的原料，再加汤汁（也有用清水的）和调味品，用小火烹制的一种烹调方法。熬菜的特点是操作简易，原汤原菜，酥烂不腻，味道鲜香。熬菜一般不勾芡，熬菜的原料范围较广。熬制时，加汤汁要适量，以淹没原料为度。特别是以水分较多的蔬菜为主料时更应注意，以免菜肴汤汁过多，而不符合熬菜半汤半菜的特点要求，如家常熬黄鱼、鱼头汤等。

3）烩。烩是将加工成片、丝、条、丁、粒的多种原料一起用旺火制成半汤半菜的一种烹调方法。烩菜的原料一般都要经过初步的熟处理，也可以配一些质地柔嫩、极易成熟的生料。烩菜一般以白烩居多，因此，要用白汤，并且都要勾薄芡。有些要求汤清味爽的烩菜则用清汤，不勾芡，这种方法叫清烩。烩菜的特点是汤多汁厚，口味鲜浓，色彩鲜艳，如酸辣肚丝汤、奶汤肚块等。

4）炖。炖是将原料放在陶制或瓷制的器皿内，用小火长时间加热而制成汤菜的一种烹调方法。它要求将原料先用沸水烫去腥污，再放入陶制的器皿内，加入调味品和水，然后直接放在火上加热。炖制时，先用旺火烧沸，再改用微火炖至酥烂，一般需二三小时左右。菜品的特点是酥烂味厚，清鲜爽口，如清炖甲鱼、冬瓜盅等。主要方法有清炖和隔水炖。

清炖的特点是原汁原味，色泽多为白色。原料可以是完整鸡、鸭、块状牛羊肉、排骨、肘子、猪蹄等。加工方法是将加工好的原料先放入凉水锅中（水是原料的1.5倍），用大火烧开，撇去血渍，煮四五成开后，将原料捞出，把原汤放置一边澄清，原料上的血沫漂洗干净。取另一净锅置于火上，倒入澄清的原汤，放入原料烧开，加入料酒、胡椒面儿、葱段、姜块，烧开后改用小火，加盖盖严。炖制时，要不断撇去浮在面汤上的浮油。炖制菜肴的调味，最好在菜肴炖好后再放精盐，因为盐有渗透作用，过早放会渗透到原料中去，使原料自身的水分排出，蛋白质凝固，而且会使汤随着水分的不断蒸发而变咸。清炖可加入适量的配料，以协调口味。一般用油菜心、大白菜心、小白菜心、豆苗等相搭配，以突出主料，使味道更为清淡爽口。

隔水炖技法要求较严格，选料必须以肌体组织较老、能耐长时间加热的鲜料为主，以大块整料为宜；原料放入容器前，要经过初步热处理，如在开水锅中焯一下，去掉血水和腥臊气味；容器必须用瓷制品或陶制品，原料放入容器后，要把口盖严，防止原料的香味散失；置于滚沸水锅中，水面必须低于容器；在加热过程中，水面始终保持沸腾状态，使水的热量不断通过容器传入原料，逸出鲜味；原料加入容器中，只加清除异味的葱、姜、料酒等，不加调味料，更不能过早放盐。

5）焖。焖是将经过初步熟处理后的原料放入锅中，加适量的调味品和汤汁，盖紧锅盖，用小火长时间加热成熟的一种烹调方法。焖的方法可使菜肴形态完整，不碎不烂，汁浓味厚，酥烂鲜醇。用焖的方法制作菜肴，原料多用韧性较强、质地细腻的动物性原料，如鸡肉、猪肉、鱼等。原料在焖制前的初步熟处理，应根据原料的性质和烹调要求决定，如焖鸡须煸、焖鱼须煎、焖肉须煮等。焖制时根据所用的调味品不同，分为红焖、黄焖两种。

红焖一般是将原料加工成形、先用热油炸，或用温开水煮一下，使外皮紧缩变色，体内一部分水排出，外膘蛋白质凝固。然后装入陶器罐中，加适量汤、水和调料，加盖密封，先用旺火烧开，随即移到微火，焖至酥烂入味为止。主要调料除葱、姜、绍酒、白糖外，多放酱油。焖菜要尽量使原料所含的味道发挥出来，保持原汁主味。如红焖羊肉的烹饪方法：将羊肉洗净，切成长方块，放入盆内，倒入酱油、糖包、料酒煨15分钟，面粉炒成黄色。锅内放植物油烧成四成熟，将煨好的羊肉块放入，炸成红色，捞起控净2小时，捞出盛盘，拣葱姜，炒勺内放入番茄酱、白糖和炒好的面粉，熬成糊状，浇在羊肉上，淋上香油即成。

黄焖又叫油焖。把加工成形的原料，经油炸或煸成黄色，排出水分，放入器皿中，加调料和适量汤汁。如黄焖鸡块的烹饪方法：将鸡洗净，去掉鸡爪，剁成半寸大的块，鸡头剁去嘴尖剖为两半，放入开水内烫后用凉水洗净捞出。炒勺内放入大油，在旺火上烧至七成熟，将鸡块炸成金黄色，捞出倒入炒锅，然后加入酱油、精盐、葱、姜、大料、鲜汤，烧沸后，撇去浮沫，移到微火上，加盖约焖2小时左右(老鸡可更长些)，直至酥烂入味后捞出，盛入盘内，去掉葱、姜、大料，原汤加湿团粉调汁，浇在上面即成。

6）煨。煨是将经过炸、煎、煸、炒或水煮的原料放入陶制器皿，加葱、姜、料酒等调味品和汤汁，用旺火烧开，小火长时间炖的烹调方法。制品特点是汤汁浓稠，汤菜各半，口味醇厚，鲜香不腻。煨和焖的烹调方法基本相同，两者的区别在于：一是煨比焖加热时间更长，一般多利用炉火的余热进行长时间烹制；二是煨制的菜肴汤汁较宽，不勾芡，焖制的菜肴一般卤汁较紧，有的要勾芡，如煨鱿鱼丝、红煨牛肉等。

7）煮。煮是将原料（有的是生料，有的是经过初步熟处理的半制成品）放于多量的汤汁或清水中，先用旺火烧沸，再用中、小火烧熟的一种烹调方法。煮菜的特点是汤多汁浓，不经勾芡，味道清鲜。煮制时要掌握好火候，使汤汁有一定的浓度，以保持菜的特色，如鸡汤煮干丝、银丝鲫鱼汤等。

（3）汽熟法

汽熟法是以蒸汽加热，使加过调味的原料成熟，或酥烂入味的烹调方法。这种方法使用比较广泛，不仅用于蒸制菜肴，而且还用于原料的初步加热成熟和菜肴的回笼保温。蒸制菜肴所用的火候，随原料性质和烹调要求而有所不同，主要有以下几种：

1）旺火沸水速蒸。这种方法适用于质地较嫩的原料。要求质地鲜嫩，只要蒸熟，不要蒸烂，八分熟即可（10～15分钟）。如清蒸鱼，如果蒸过头，则原料变老，食用时有粗糙的感觉。

2）旺火沸水长时间蒸。凡原料质地老，体形大，而又需要蒸制得酥烂的，应采用这种方法。蒸制时间长短应视原料质地老嫩而定（一般需2～3小时），如糟扣肉、粉蒸肉等。

3）中等小火沸水徐徐蒸。有些原料的质地较嫩，且经过较细致加工，要求成菜的质地鲜嫩，必须用中等小火徐徐蒸。如绣球鱼翅、兰花鸽蛋、白雪鸡、酿菜心、蛋羹等。

4）微火沸水保温蒸。保温蒸应掌握好火候，以微火小汽达到保温目的即成，不可用旺火沸水猛蒸。蒸时要开启笼盖，可使菜肴避免出现回笼水而失去原来的风味。

（4）特殊熟法

1）烤。生料经过腌渍或加工成半熟制品后，放入烤炉中，利用辐射热能直接把原料烤熟的一种烹制方法。根据烤炉设备及操作方法的不同，烤又可分暗炉烤和明炉烤两类。

暗炉烤使用可以封闭的炉子，烤时需要将原料挂上烤钩、烤叉或放在烤盘上，再放进烤炉。暗炉烤菜的品种很多，如北京烤鸭、广东的叉烤等，都是用暗炉烤制的。

明炉烤使用的明炉一般是敞口的火炉或火盆，炉（盆）上置有铁架。烤时需将原料用烤叉叉好，或放在烤盘（炙子）上，再搁在铁架上反复烤制，如新疆的烤羊肉等。

2）盐煽。盐煽是将生料或半熟的原料经过腌渍、晾干后用薄纸包裹，埋入灼热的盐粒中使之成熟的一种烹制方法，如广东特殊风味的盐煽菜。

3）泥烤。泥烤是一种独特的烹调方法。其制法是：将经过腌制的原料，外面用猪网油、荷叶等包扎，再用黏土（也有以面粉代替黏土的）将其密封，放在火上直接烤制成熟。因原料是在密封状态下烧烤成熟的，所以成品原味浓郁，清香扑鼻，具有特殊的风味，如叫花鸡等。

4）蜜汁。用蜂蜜、白糖和水把原料熬成入口肥糯的带汁甜菜的一种烹调方法。制法有两种：一种是将蜂蜜、白糖用少量油稍炒，加水烧溶，再将原料放入熬煮，至原料熟烂，糖汁收浓（起泡）即成，这种制法适用于易烂的原料，如香蕉、山药等；另一种是将原料先蒸至酥烂，然后加入蜂蜜或冰糖，再上笼蒸，把糖蒸溶化，渗入到原料内部去，然后再将糖汁熬浓（有的也可少加些湿淀粉勾芡）浇在原料上面，这种制法适用于不易熟烂的原料，如火腿、莲子等。蜜汁菜肴的特点是酥糯香甜，如水晶桃、蜜汁葫芦等。

5）拔丝。拔丝又叫拉丝，是将经过油炸的小型原料，挂上能拔出丝的糖浆的一种烹制方法。先将加工成小块、小片或制成丸的原料，经过拍粉或挂糊，用油炸熟，另将白砂糖加少量水（或少量油，或油水各半）用中火熬，直到把糖熬成淡黄色的糖浆，能拔出丝时，随即把炸好的原料投入颠翻几下，挂上糖浆即成。拔丝的原料一般是去皮核的水果、干果、根茎类的蔬菜、去骨的肉类等。拔丝菜的特点是外脆里嫩、香甜可口，如拔丝苹果、拔丝香蕉等。

三、菜点命名方法

菜肴的命名是中国饮食文化的重要组成部分。我国的饮食文化源远流长，光辉灿烂。就菜肴而言，无论是选材、烹制到造型设计、命名等各方面都力求尽善尽美，精益求精。那为什么要给菜肴命名呢?《庄子·逍遥游》记载："名者，实之宾也。"这就是说，实以生名，名从实起，实是内，是主。名是外，是宾。每一种事物都应有其相适应的名称，菜肴也不会例外。给菜肴命名十分重要，菜肴的名称有利于人们认识菜肴的主要特点，是消费者选择菜肴的主要依据，是美化菜肴的主要形式，也是引起人们产生心理效应的有效手段。

中国菜肴的命名方法多种多样，归纳起来大体可分为写实命名法和寓意命名法两大类。

1. 写实命名法

写实命名法是一种反映原料构成、烹制方法和风味特色的命名法。其表现是开门见山，突出主料，朴素中蕴涵文雅，使人一看便大致了解菜肴的构成和特色。一般有以下几种：

（1）以烹调方法加主料命名

如熘肉片、熘肥肠、炸肉段、软炸里脊、炸烹虾仁、红烧鱼、锅煸白菜卷、清蒸鸡、干煎黄花鱼、拔丝白果、挂霜丸子等。

（2）以主料加味型命名

如糖醋肉段、酸辣肚丝、麻辣豆腐、鱼香肉丝、怪味鸡、辣白菜等。

（3）以主料加发源地命名

如西湖醋鱼、北京烤鸭、广东脆皮鸡、吉林白肉血肠、德州扒鸡、道口烧鸡、山东酥肉、山东蒸丸等。

（4）以主料加配料命名

如炒肉白菜、鸡茸油菜、桃仁鸡丁、松果里脊、鸡腿扒海参、三丝鱼翅、人参鸡等。

（5）以主料加创始者命名

如宫保鸡丁、东坡肉、麻婆豆腐、李连贵熏肉等。

（6）以主料与形状命名

如蝴蝶海参、绣球干贝、珍珠海参、金钱鸡、八宝葫芦鸭、口袋豆腐、八封鱼肚等。

（7）以菜肴色泽命名

如芙蓉鸡片、翡翠虾仁、珊瑚白菜等。

（8）以主料加特殊器皿命名

如汽锅鸡、砂锅白肉、鱼片酒锅等。

2. 寓意命名法

寓意命名法是针对人们的猎奇心理，撇开菜肴具体内容而另立新意的一种命名法。其特点是突出菜肴某一特色加以渲染，并赋予其诗情画意般的境界，以起到引人入胜、耐人寻味的作用。如强调菜肴造型艺术的“灯笼海参”“爆竹鱼”；渲染菜肴奇特制法的“熟吃活鱼”“大良炒奶”；表达人们良好祝愿的“龙凤呈祥”“金鱼发菜（财）”；寄托人们爱憎情感的“霸王别姬”“烧秦皇鱼骨”等。

菜肴的命名是一门艺术，有着独特的艺术魅力和东方文化内涵。响亮、高雅、有意蕴的菜名可以使菜肴增辉生色，让人在品尝食物的同时在心理上也得到极大的满足。菜肴的命名又是一门学问，不仅利于餐饮企业自身的经营和发展，而且对我国饮食文化走向世界也起着举足轻重的作用。

技能要求

菜点介绍

一、操作准备

1. 场地

餐厅，餐桌、餐椅等。

2. 物品

“鱼香肉丝”等菜点若干。

二、操作步骤

以“鱼香肉丝”为例。

步骤 1：报菜名

“各位嘉宾，鱼香肉丝，请品尝!”

步骤 2：菜肴介绍

相传很久以前在四川有一户生意人家，他们家里的人都喜欢吃鱼，对调味也很讲究，所以烧鱼的时候总要放一些葱、姜、蒜、酒、醋、酱油等去腥增味的调料。有一天晚上，家中的女主人在炒一道菜时，为了不浪费配料，把上次烧鱼时用剩的配料汤汁都放在这款菜中炒和。当时她以为这款菜可能不是很好吃，家中的男主人回来后不好交代，不知怎么办才好。她正在发呆之际，男主人做生意回来了，还没等开饭就用手抓着吃，吃了一口觉得味道奇特，便迫不及待地问女主人此菜是用什么做的。女主人结结巴巴不知如何回答。不料男主人却连连称赞其菜之味美，接连问“这么好吃是用什么做的”。这时女主人才大舒一口气，并一五一十地将做法给他讲了一遍。原来这款菜是用烧鱼的配料来炒和的，才会其味无穷，所以取名为鱼香肉丝。

步骤 3：介绍菜肴特色

1. 炒时不过油，急火短炒，一锅成菜。

2. 色橘红，肉质鲜嫩，酸甜微辣，鱼香风味。

步骤 4：结束语

“请各位嘉宾慢慢品尝!”

三、注意事项

1. 菜点介绍要适度，雅俗共赏，以雅为主。

2. 菜点介绍要注意时间控制，精练明白，点到为止，留有余味，切不可长篇阔论，影响客人用餐。

相关链接

中国八大菜系

中国的饮食文化历史悠久，博大精深，世界闻名。其主要特点可概括为原料广博，优选用料；刀工精细，形态美观；配料科学，富有营养；味型丰富，特色突出；技法多样，菜品丰富；火候恰当，精于运用；器皿精美，盛装得当。20世纪50年代分为四大菜系，之后又划分为八大菜系，各有特色。

1. 山东菜

又称鲁菜，黄河流域地区流行。菜肴以咸鲜为主，注意保持原料本身的鲜味。口味浓醇，脆嫩爽口。善于制汤。清汤，汤清而味鲜；奶汤，汤白而味浓。擅长爆、炒、扒、氽等烹调技法。代表菜有九转大肠、油爆海螺、黄河鲤鱼等。

2. 四川菜

又称川菜。调味复杂多变，具有一菜一格、百菜百味的美称。调味品丰富，口味各具特色。特点以麻、辣、鲜、香、烫而著称。擅长小煸小炒、干煸干烧等技法。川菜系因此具有取材广泛、调味多样、菜式适应性强三个特征。代表菜有麻婆豆腐、宫保鸡丁、鱼香肉丝、樟茶鸭子、夫妻肺片等。

3. 江苏菜

选料严谨，用料以水鲜为主，刀工精细，注重火候，擅长炖、焖、蒸、炒，追求本味，清鲜本和，咸甜醇正。口味咸中有甜，甜中有鲜。菜肴浓而不腻，淡而不薄。菜品风格雅丽，形质兼美，酥烂脱骨而不失其形，滑嫩爽脆而益显其味。代表菜有清炖蟹粉狮子头、盐水鸭、清蒸鲥鱼、鸡汤煮干丝、松鼠鳜鱼、雪花蟹斗等。

4. 广东菜

又称粤菜。由广州、潮州、东江客家菜三种地方菜构成。广州菜是粤菜的主要组成部分，以味美色鲜、菜式丰盛而赢得“食在广州”的美誉。潮州菜以海味、河鲜和畜禽为原料，擅烹以蔬果为原料的素菜，制作精细，加工多样。东江客家菜用料以肉类为主，原汁原味，讲求酥、软、香、浓。注重火功，以炖、烤、煲、焗见称，尤以砂锅菜见长。广东菜的代表菜有烤乳猪、白灼虾、龙虎斗等。

5. 福建菜

又称闽菜。特点是甜、酸、咸、香，甜中带酸，口味清淡，淡而不薄，甜而不腻，酸而爽口。红糟是福建菜特殊的调味品。代表菜有著名的佛跳墙、周家清蒸鱼、清汤鱼丸、蒜子白鳝、虎头鸡块等。

6. 浙江菜

主要由杭州、宁波、绍兴地方菜组成，烹调的菜肴精致，胜似美景。善于烹制河鲜湖泊菜肴，主要特点是清鲜细腻，制作精细。烹调方法以爆、炒、烩、焖为主。代表菜有龙井虾仁、宋嫂鱼羹、干炸响铃、东坡肉、梅菜扣肉等。

7. 安徽菜

又称徽菜、皖菜。特点是就地取材，以鲜制胜；善用火候，火功独到；善于烧炖，浓淡相宜；注重天然，以食养身。代表菜有无为熏鸭、毛峰熏鲥鱼、花菇石鸟、符离烧鸡等。

8. 湖南菜

又称湘菜。制作精细，用料广泛，品种繁多，油重色浓，讲究实惠，咸鲜酸辣，口感软嫩。烹调方法主要有煨、炖、腊、蒸，以腊、熏最有特色。代表菜有东安子鸡、腊味合蒸等。

学习单元2　酒水介绍

学习目标

- 了解酒水种类和特点等知识
- 熟练掌握为客人介绍酒水的技能
- 能够掌握介绍不同种类酒水的技能

知识要求

酒水服务是一项比较细致的工作，尤其是宴会用酒品种较多，饮用要求的温度、承载的杯具和服务也不尽相同。因此，服务员必须了解酒水服务的相关知识，掌握斟酒的基本技能，才能向宾客提供优质的服务。

一、酒品概述

酒是世界四大饮料之一，具有多种功效，为古今中外人们所喜爱。酒的主要功能有：

1. 由于酒中含有各种醇类物质，对人的精神有刺激作用，所以适量饮用可以起到兴奋神经、舒筋活血、祛寒发热、消除疲劳的作用。

2. 酒中含有糖分、蛋白质、盐类和丰富的维生素等物质，对人体有很好的滋补作用，是一种营养价值很高的饮料。

3. 酒在酒席及宴会中具有重要地位。日常餐饮中，一壶一杯酒常增添无穷风味。

4. 白酒、黄酒是烹调中的上好作料，不仅可以辟腥去腻，而且还可以增加菜肴的美味。

5. 酒在人们的社会交往中也扮演着重要角色。如借酒而言，借酒而观其性，边饮边谈等。

酒虽有很多好处，但是物极必反，若饮用过度也会伤身、乱性。因此好酒还需善饮适饮。

无论哪种酒，都不同程度地带有一种特殊的香气和辣味，即酒精的气味。酒精学名为乙醇（Ethyl Alcohol），化学式 C_2H_5OH，是酒中最主要的成分。乙醇在酒中的含量通常用酒度来表示。国际上酒度表示法有三种：标准酒度、英制酒度、美制酒度。在中国采用的是标准酒度，即在 20℃时，每 100 毫升的酒液中含纯酒精 1 毫升（即 1%）为 1°。例如，60°的泸州老窖特曲，即每 100 毫升酒液中含有 60 毫升纯酒精。

啤酒是所有酒类中含酒精成分最低的一类酒。但它的酒度计算方式与别的酒不同，不是按容量百分率计算，而是按重量百分率来计算，一般在 2%～7.5%，即每升酒液中含纯酒精 20～75 克。啤酒的酒标中常注明 7°或 11°，这里的“度”，并不是纯酒精含量，而是酒液中含有的原麦汁浓度重量百分比。

二、酒品风格的形成

酒品风格是指酒品的色、香、味、体作用于人的感官，并给人留下的综合印象。不同酒品自然有其不同的风格。然而，同样的酒品也会有不同的风格。酒品风格的形成因素很多，品评酒品的风格通常可以从色、香、味、体等方面进行综合评价。

1. 色

酒品给人的第一印象就是酒品的颜色。酒品的颜色多种多样，其形成主要有以下几种途径：一是来源于酿制酒品的原料，许多果酒由于其酿造的原料中含有色素，酿出的酒也就带有原料的本色。原料的本色给人以新鲜、纯美、朴实、自然的感觉，在语言描述上称之为正色。因此，一般酿酒者都尽可能使酒液保持原料的本色。二是来源于酒在生产过程中的自然生色。酒在生产过程中因温度及形态的变化而改变了原料的本色，如蒸馏的白酒经过加温、汽化、冷却、凝结后，改变原有颜色呈无色透明状。三是由于人工着色或非人工增色。有些生产者为取悦顾客而在酒中添加色素或调色剂，人为改变了酒的色泽，以此改善酒品风格。非人工增色主要出现在生产过程中，如白兰地通常需装在橡木桶中进行陈酿，以便使酒更趋成熟，由于陈酿过程中酒不断吸收橡木桶木质的颜色，使酒液呈琥珀色。

优良的酒品通常应为澄清透明的液相。不同的酒品色泽，表现出不同的风格。良好的酒色能充分表现出酒品的内在品质和特性，给人以美好的感觉。

2. 香

在人们对酒品的风格进行评价时，香气历来是备受关注的。酒品香气的形成非常复杂，除了生产原料本身的香气外，还受到生产过程中外来香气的影响。因此，不同的酒品香气也各不相同，而同一种酒品的香气也会出现各种变化。

3. 味

酒的口味是评判酒品优劣最重要的标准，古代诗人对酒味的品评诗句有很多，如唐代诗人杜甫说：“人生几何春与夏，不放香醪如蜜甜。”而李白则说：“甘露太甜非正味，醴泉虽洁不芳馨。”宋代诗人苏轼曰：“酸酒如虀汤，甜酒如蜜汁。”酸、甜、苦、涩（微涩）等都是酒的口味特点。

酸一般是由于酒中含酸量高于含糖量。酸味酒通常给人以醇厚、干冽、清爽的感觉，还具有开胃的作用。

甜味是酒品中最受欢迎的，以此为主要口味的酒种类繁多。酒中的甜味通常来源于酿酒原料中的麦芽糖和葡萄糖，给人以滋润、舒适、纯美、丰满的感觉。

苦味在酒品中并非劣味，是一种独特的酒品风格，但在酒中并不多见。适量的苦味可以起到止渴、开胃的作用。

辛辣味常给人以冲头、刺鼻等不良感觉，由于辛辣味主要来源于酒液中的醛类物质，因此，高浓度的酒精饮料辛辣味最为强烈。

咸味在酒中也较为少见，可促进味觉的灵敏，使酒味更为浓厚。

通常酒中的各种味感应相互配合，酒味协调的酒品才能称得上是美味佳酿。

4. 体

酒体是品评酒品的一个项目，是对酒品风格的综合评价。酒体讲究酒品的色、香、味的完美协调，溶解在水和酒精中，并和挥发物质、固态物质混合在一起构成了酒品的整体。

水是构成酒的主要成分之一，长期的实践证明，好水是酿出好酒的重要因素。优质的水不仅能提高酒的质量，还能赋予酒以特殊风味。我国自古酿酒就把水比作“酒之血”，通常“名酒所在，必有佳泉”。

三、中国酒的分类和特点

1. 中国酒的分类

中国酿酒的历史源远流长，制酒业也不断发展，形成了许多酿制方法，因此酒品的种类也较为繁多。

（1）按酿酒方法分类

1）酿造酒。又称原汁酒，指把酿酒的原料（常为谷物与水果）放入容器中加入酵母发酵而酿制成的酒液。用这种工艺制成的酒，通常酒精含量较低，但有不同程度的含糖量。常见的酿造酒有葡萄酒、啤酒、水果酒、黄酒、米酒等。

2）蒸馏酒。指将经过发酵的原料（发酵酒）经蒸馏提纯制成的酒。用这种工艺制成的酒通常含有较高度数的酒精。我国常见的蒸馏酒有茅台酒、五粮液等。

3）配制酒。通常是指用原汁酒或蒸馏酒作为主料（也称为基酒），与其他不同的原料进行勾兑制成的酒，如人参酒、三蛇酒等。

（2）按酒精含量分类

1）高度酒。酒度在40°以上的烈性酒称为高度酒，如茅台酒、五粮液、汾酒、洋河大曲等。

2）中度酒。酒度为20°～40°，如竹叶青、米酒、黄酒等。

3）低度酒。酒度在20°以下，如葡萄酒、桂花陈酒和低度药酒等。

（3）按酿酒原料分类

1）白酒。白酒通常是以含丰富淀粉的植物作为原料，经蒸煮、糖化、发酵、蒸馏、陈酿和勾兑酿制而成的酒品，通常酒精含量较高。

2）黄酒。黄酒通常以大米、黍米为原料，采用压榨法进行加工酿造，通过霉菌、酵母和细菌的共同作用酿成的一种低度压榨酒。

3）啤酒。啤酒指用麦芽经糖化后加入酒花，经酵母发酵作用酿制而成的饱含二氧化碳的低酒精度酒。

4）果酒。果酒是选用一些糖分较高的水果作为主要原料，经过压榨、发酵酿制而成的酒品。

5）汽酒。汽酒也是用水果为原料，经发酵酿制而成的一种酒品，通常在装瓶时加入一定的二氧化碳气体。

6）配制酒。我国的配制酒通常是在成品酒或食用酒精中加入药材、香料等原料配制而成的。其配制方法一般有浸泡法、蒸馏法、精炼法三种。浸泡法是将药材、香料等原料浸没于成品酒中进行陈酿而制成；蒸馏法是将药材、香料等原料放入成品酒中进行蒸馏；精炼法是指将这些原料提炼成香精加入成品酒中。

2. 中国酒的特点

中国酿制的酒种类繁多，各具特色，按照酿造原料的分类方法，可对中国酒的特点做如下概括。

（1）白酒

白酒是我国特有的一种蒸馏酒。通常又称烧酒、老白干、烧刀子等。酒质无色（或微黄），晶莹透亮，无沉淀，无悬浮物，有的品种还有挂杯的特点；气味芳香醇正、馥郁纯净，入口醇厚、甘润清冽；酒精含量较高，经储存老熟后，具有以酯类为主体的复合香味。我国的白酒按香型分为以下五类：

1）酱香型。又称为茅香型，以贵州茅台酒为主要代表。其风味特点是酱香突出，幽雅细致，回味悠长，倒入杯中过夜后香气仍久留不散。

2）浓香型。又称泸香型或窖香型，以四川泸州特曲为主要代表。其风味特点是芳香浓郁，绵柔甘冽，香味协调，尾味余长，可概括为“香、甜、浓、净”四个字。浓香型白酒的品种还有五粮液、双沟大曲、古井贡酒、洋河大曲等。

3）清香型。又称汾香型，以山西杏花村汾酒为主要代表。其风味特点是气味清香，口味协调，酒味醇正，醇厚绵软，余味爽净。

4）米香型。以桂林三花酒为代表，其风味特点是米香清雅醇正，入口绵柔，落口甘冽，回味畅快。

5）兼香型。又称为复合香型，即兼有两种以上主体香气的白酒。兼香型白酒之间风格相差较大，有的甚至截然不同，具有一酒多香的风格。其代表酒有董酒，其风味独特，既有大曲酒的浓郁芳香又有小曲酒的柔绵醇和的特点。

（2）黄酒

黄酒是我国最古老的酒种之一，源于中国，且唯中国有之，与啤酒、葡萄酒并称世界三大古酒。黄酒含有丰富的营养，有 21 种氨基酸，而人体自身不能合成的必须依靠食物摄取的 8 种必需氨基酸黄酒都具备，因此也被誉为“液体蛋糕”。黄酒色泽晶莹透明，呈琥珀色，有光泽感，无混浊或悬浮物，无沉淀物；其香味幽雅、馥郁，品尝后能让人心旷神怡。

（3）啤酒

我国的啤酒酿造历史也十分悠久。优质啤酒的特点是：在色泽上，清亮、透明，无混浊现象；注入杯中时会产生密集的泡沫，泡沫体积通常为酒液体积的 1/2 左右，且洁白、细腻、持久、挂杯；具有独特的酒花香味和苦味；酒味爽口。

（4）果酒

果酒种类较多，常见的果酒主要为葡萄类果酒。葡萄果酒是以葡萄为原料进行酿制而成的原汁发酵酒，是果酒中历史最久、品种最多、产量最大的一种酒。果酒中含有丰富的维生素和多种营养成分，还含有人体所需的多种微量元素。

（5）汽酒

汽酒由于充入一定的二氧化碳气体，开瓶时气泡较多，有时会有溢瓶现象。酒液透亮纯净，酒香浓爽，回味悠长，一般酒精含量在 10°左右。

（6）配制酒

我国的配制酒通常有两大类：一类是果露酒，是以一些水果为原材料，经分选、破碎、去梗、发酵、储酒、调配等方法酿制而成的酒品，其特点是具有特殊芳香，由于用水果进行配制，因此是低度酒、营养酒、保健酒。同时营养丰富，对人体有益，能开胃增进食欲，有显著的滋补作用。另一类是药酒，我国的药酒在世界上享有盛誉，其特点是以优质的白酒为基酒，配制以名贵的药材，酒液清亮透彻、无杂质，并且对治疗疾病和强身健体有一定的功效。

四、外国酒的分类和特点

外国酒习惯上又称为洋酒。洋酒的品种很多，著名的产酒国家有法国、英国、德国、意大利、美国、俄罗斯、瑞士、西班牙等。

1. 外国酒的分类

（1）蒸馏酒

蒸馏酒是原料经发酵后用蒸馏法制成的酒，酒精含量较高，又称为烈酒。蒸馏酒根据原料的不同，有谷物蒸馏酒、果类蒸馏酒和杂果蒸馏酒之分。常见的烈酒有白兰地（Brandy）、威士忌（Whiskey）、金酒（Gin）、伏特加（Vodka）、朗姆酒（Rum）、特基拉酒（Tequila）六种，也被誉为世界六大著名蒸馏酒。

1）白兰地。白兰地是果类蒸馏酒的典型代表，通常所称的白兰地是以葡萄为原料，经发酵、蒸馏和放在木桶内经过相当长时间陈酿工艺制成的。而用其他水果为原料，通过同样的方法所制成的酒常在白兰地的前面加上水果原料的名称，以利于区别，如以苹果为原料称为苹果白兰地，以樱桃为原料则称为樱桃白兰地等。白兰地酒度一般在 40°～43°，虽然属于烈性酒，但由于经过长时间的陈酿，口感柔和，香味醇正，饮用后给人以高雅、舒畅的享受。白兰地酒色呈琥珀色，极富吸引力。

白兰地的意思是“生命之水”，常被人们称为“葡萄酒的灵魂”。世界上虽然有许多国家生产白兰地，但最为著名、品质最好的还是法国所产。其中又以科涅克（Cognac）地区所产最为著名。有人把在科涅克地区所产的白兰地称为“白兰地酒之王”。其特点是芳香弥漫、酒体优雅、口味考究、风格豪壮。第二著名的是亚曼涅克（Armagnac）地区所产白兰地。除了法国白兰地以外，其他盛产葡萄酒的国家，如西班牙、意大利、葡萄牙、美国、秘鲁、德国、南非、希腊等国家，也生产一定数量和风格各异的白兰地。

白兰地酒的代表有马爹利、轩尼诗、人头马等。

在白兰地的酒标上经常能看到关于酒龄的标注，不同的白兰地生产国其酒龄标注也各不相同。如美国，通常在标签上直接标出“×年的酒龄”，“×”的位置上将按产品所使用最新酒的酒龄填写，并且只有在橡木桶中储存不少于两年的葡萄蒸馏酒才有资格填写酒龄。而在法国，对酒龄的规定通常是以★★★（三星）代表酒龄在四年半以下的白兰地；V. O（中档白兰地），V. O. S. P（较高档白兰地），F. O. V（高档白兰地）酒龄一般不得低于四年半；EXTRA、NAPOLEAN（拿破仑）酒龄不低于五年半；X. O Club、特醇 X. O 等酒龄要求在六年以上。

2）威士忌。威士忌通常是以大麦、黑麦、燕麦、小麦、玉米等谷物为原料，麦芽作糖化剂，经糖化、发酵、蒸馏后放入橡木桶中陈酿、勾兑而成的一种酒精饮料。威士忌酒液呈琥珀色，口味醇厚微辣，酒精浓度一般在 45°左右。

威士忌起源于爱尔兰，是世界名酒，其中最负盛名的威士忌当属苏格兰威士忌。威士忌既可以净饮，也可以放入冰块，或者加入苏打水或矿泉水进行长饮。威士忌也是调制鸡尾酒的常见基酒之一。

威士忌酒的分类方法很多，可以按照威士忌酒所使用的原料不同，将其分为纯麦威士忌酒、谷物威士忌酒以及黑麦威士忌酒等；按照威士忌酒在橡木桶中的储存时间，可分为数年到数十年等不同年限的品种；根据酒精度，分为40°～60°等不同酒精度的威士忌酒。但目前国际上最习惯的分类方法是按照其产地分为四类，即苏格兰威士忌酒、爱尔兰威士忌酒、美国威士忌酒和加拿大威士忌酒四大类。

苏格兰威士忌酒：最为有名，具有独特的风格，其色泽棕黄中带红，清澈透明，气味焦香，带有一定的烟熏味，口感甘冽、醇厚、劲足、圆正、绵柔，是世界上最好的威士忌酒之一。

爱尔兰威士忌酒：爱尔兰威士忌酒最被人们所熟悉的是与咖啡共同进行调配。其风格特点虽与苏格兰威士忌酒比较相似，但香味独特，且没有烟熏味，成熟度较高，口感绵柔长润。

美国威士忌酒：美国是世界上最大的威士忌生产国，同时也是世界上最大的威士忌消费国。美国所产的威士忌虽然历史不够悠久，但能紧跟市场需求，品种新颖，因此十分受欢迎。以优质的水、温和的酒质和带有焦黑橡木桶的香味而著名。美国威士忌酒主要产地有西部的宾夕法尼亚州、肯塔基和田纳西地区，特别是波本地区所产的威士忌更是享誉世界，因此也被称为波本威士忌酒（又称波旁威士忌酒）。

加拿大威士忌酒：加拿大威士忌口味细腻，酒体淡雅，特别适宜用做混合酒的基酒使用。

3）金酒。金酒原产荷兰，1660年由荷兰著名的医学教授西尔维斯医生（Doctor Sylvie's）发明。最初制造这种酒是为了帮助商人、海员和移民用来预防热带疟疾病，作为利尿、清热的药剂使用，不久人们发现这种药剂香气和谐、口味协调，于是作为正式的酒精饮料饮用。

金酒是用大麦、玉米等谷物经蒸馏后，加入杜松子及其他香料，通过串香的方式制成的一种烈性酒，因此又称为杜松子酒。金酒一般不用陈酿，但也有一些生产厂家将原酒放入橡木桶中进行陈酿，使酒液略带金黄色泽。金酒的酒精度一般在35°～55°，酒度越高，其质量就越好。比较著名的有荷兰金酒、英国金酒。

荷兰金酒色泽透明清亮，香味突出，辣中带甜，风格独特。酒度为52°左右。因香味过重，荷兰金酒一般只适合纯饮。

英国金酒又被称为干金酒。酒液无色透明，气味奇异清香，口感醇美爽适，既可单饮，也可和其他酒混合调配，深受世人的喜爱。

4）伏特加。伏特加通常以马铃薯或谷物等为原材料，经过重复蒸馏、精炼过滤、除去杂质而成的高酒精度的烈性酒。其酒质晶莹澄澈，无色且清淡爽口，使人感到不甜、不苦、不涩，只有烈焰般的刺激，形成伏特加酒独具一格的特色。伏特加起源于俄罗斯和波兰，是在北欧寒冷国家十分流行的一种酒精饮料，也是俄罗斯的代表酒。

5）朗姆酒。朗姆酒是以甘蔗糖蜜为原料生产的一种蒸馏酒，也称为兰姆酒。属于果杂类蒸馏酒。果杂类蒸馏酒主要是用植物的根茎、花叶等作为原料酿造而成的蒸馏酒。

朗姆酒色泽微黄，香气淡雅、口味甘醇，是世界上消费量最大的酒品之一。通常根据不同的原料和酿制的方法，可将朗姆酒分为朗姆白酒、淡朗姆酒、强香朗姆酒、老朗姆酒、传统朗姆酒等。

6）特基拉酒。特基拉是墨西哥的一个小镇，因产酒而闻名。特基拉酒也是墨西哥的国酒，又被称为龙舌兰酒，是采用龙舌兰作为原料，将新鲜的龙舌兰割下后，浸泡24小时，榨汁后，用汁水加糖经发酵，通过两次蒸馏，使酒精度达到52°～53°，然后放入橡木桶中进行陈酿储存。其香气突出，口味凶烈。由于储存的工具不同，其酒液的颜色也不尽相同。一般呈现两种颜色，无色透明和橡木色。墨西哥人对特基拉酒情有独钟，饮用时，常先在手背上倒些海盐吸食，然后用腌渍过的辣椒干、柠檬干佐酒，饮用时如同火上加油，十分刺激。

（2）葡萄酒

葡萄酒是用新鲜的葡萄或葡萄汁经发酵酿成的原汁酒，酒精度一般在9.5°～13°。葡萄酒色泽鲜艳、气味馨香、口感醇和、营养丰富，还具有保健作用，越来越为人们所喜爱。葡萄酒的生产国很多，较为著名的有法国、意大利、德国、瑞士、西班牙等国。葡萄酒的分类方式繁多，通常有以下几种分类方法：

1）按酒的颜色分类

红葡萄酒（Red Wine）。红葡萄酒通常是用紫色葡萄连皮一起压榨取汁后，经过发酵酿制而成。红葡萄酒一般呈深红色或鲜红色，口感醇厚。法国波尔多地区所产的红葡萄酒质量上乘，被称为“葡萄酒之女王”。

白葡萄酒（White Wine）。白葡萄酒是将葡萄去皮去籽后酿造而成的。白葡萄酒一般酒色较淡，呈淡黄色或金黄色，口感微酸、爽口，怡爽清香。法国勃艮第地区所产的白葡萄酒品质优异，被誉为“葡萄酒之王”。

玫瑰红葡萄酒（Rose Wine）。玫瑰红葡萄酒又称为粉红葡萄酒，是将紫皮葡萄连皮进行发酵，在达到一定颜色后去皮酿制而成的。色泽一般呈淡红色或粉红色。

2）按酒的含糖量分类

干型葡萄酒。一般酒中含糖量在0.5%以下，口感酸而不甜。也称为干酒，是指原料中的糖分完全转化为酒精，品尝时基本无法感觉到甜味，只有酸味和清怡爽口的感觉。干型葡萄酒由于糖分极少，葡萄的品种风味体现最为充分，对干型葡萄酒进行品评也是鉴定葡萄酿造品种优劣的主要依据。同时，干型葡萄酒由于糖分低，不会引起酵母的再发酵，也不易引起细菌生长。

半干型葡萄酒。含糖量一般在0.5%～1.2%，口感有微弱的甜味，在欧洲和美洲消费较多。

半甜型葡萄酒。含糖量一般在1.2%～5%，口感较甜，是日本和美国消费较多的品种。

甜型葡萄酒。含糖量通常在5%以上，口感很甜。质量高的甜型葡萄酒是用含糖量高的葡萄为原料，在发酵尚未完成时即停止发酵，使糖分保留在较高的水平。中国及亚洲一些国家甜酒消费较多。

3）按含气状态分类

静态葡萄酒（Still Wine）。指不含二氧化碳气体的葡萄酒。

起泡葡萄酒（Sparkling Wine）。指含二氧化碳气体的葡萄酒。起泡葡萄酒主要是将葡萄酒在酿造过程中自然生成的二氧化碳气体保留在酒中，这一类型的葡萄酒以法国香槟酒为代表。通常只有在法国香槟省出品的起泡葡萄酒才能称为香槟酒，被誉为“酒中皇后”。香槟酒的酒液呈黄绿色，也有的呈淡黄色，酒精度通常在11°左右，清香醇正，酒气充足。由于香槟酒的英文名称“champagne”与快乐、欢笑和高兴同义，因此，香槟酒也成为庆祝佳节时普遍饮用的酒。

4）按饮用方式分类

开胃葡萄酒。通常在餐前饮用，主要是一些加香葡萄酒。

佐餐葡萄酒。同正餐一起饮用的葡萄酒，主要是一些干型葡萄酒，如干红葡萄酒、干白葡萄酒等。

餐后葡萄酒。一般在餐后饮用，主要是一些加强的浓甜葡萄酒。

（3）啤酒

啤酒是营养非常丰富的低酒精度的酒品，常被人们称为“液体面包”。是用大麦芽、酒花、水为主要原料，经酵母发酵作用酿制而成的饱含二氧化碳的低酒精度酒。它营养丰富，含有多种维生素、蛋白质、氨基酸及矿物质，十分容易被人体吸收，且能消暑降温，深受人们的喜爱。啤酒的生产方法有上发酵和下发酵两种。

啤酒通常可按以下标准分类：

1）按酒液中麦芽汁的浓度分类，可分为低浓度啤酒、中浓度啤酒、高浓度啤酒三大类。低浓度啤酒中麦芽汁浓度一般为7°～8°，酒精含量在2%左右。高浓度啤酒麦芽汁浓度一般要达14°～20°，酒精含量为4.9%～5.6%。但目前在我国最受消费者欢迎的是中浓度啤酒，通常其原麦芽汁浓度为11°～12°，酒精含量为3.1%～3.8%。

2）按颜色分类，可分为淡色和浓色（黑）啤酒等。

3）按包装分类，分为瓶装和桶装两种。

4）按灭菌方法分类，分为熟啤和生啤两种。

（4）混配酒

混配酒即混合配制酒，包括配制酒和混合酒两大体系。配制酒以原汁酒或蒸馏酒作基酒，与酒精或非酒精物质（如固体、液体、气体）运用勾兑、浸泡等多种手段调制而成。配制酒的诞生比其他单一的酒品要晚，但由于它更接近消费者的口味和爱好，因而发展较快。而混合酒则是一种由多种饮料混合而成的新型饮料，其主要代表是鸡尾酒。

配制酒的品种繁多，风格各异，尤以法国、意大利、荷兰等国生产的配制酒最为有名。目前世界上较为常见的配制酒分为三大类，即开胃酒、甜食酒、利口酒。而混合酒一般就只有鸡尾酒一类。

1）开胃酒（Aperitif）

开胃酒一般在餐前饮用，以开胃为主要目的。现在一般专指一些以葡萄酒和某些蒸馏酒基生产的具有开胃功能的配制酒品。主要可分为味美思（Vermouth）、茴香酒（Anises）和比特酒（Bitter）。

味美思一般以白葡萄酒作基酒，加入金鸡纳霜、龙胆肉桂、小茴香、麝香草等几十种香料、草药浸泡而成，具有强烈的草本植物味道。著名的产地是意大利和法国，代表名品有马提尼（Martini）、仙山露（Cinzano）、香百丽（Chambery）等。

茴香酒是用茴香油与食用酒精或蒸馏酒配制而成的。茴香油一般是从八角茴香和青茴香中提炼而成。茴香酒光泽较好，口味香浓刺激，馥郁迷人。一般分染色和无色两种，酒度约为25°。茴香酒以法国生产的较为有名，代表品种有培诺（Pernod）、巴斯的斯（Pasties）等。

比特酒也称为苦味酒，是以葡萄或食用酒精作为基酒，加入一些带苦味的植物根茎和药材提取的香精后配制而成，有明显的苦味和药味。除具开胃功能外，还有滋补作用。酒精含量在18°～45°。其特点是苦味突出、悠香浓郁、有助于消化，并能起到兴奋作用。较为有名的品种有金巴利（Campari）和杜邦内（Dubonet）等。

2）甜食酒（Dessert Wines）

甜食酒又称为餐后甜酒，一般作为佐食甜品时饮用的酒品，主要特点是口味较甜。主要以葡萄酒作为酒基进行配制。甜食酒品种较多，常见的甜食酒有波特酒（Port）、雪利酒（Sherry）、玛德拉（Madeira）等。

波特酒是葡萄牙产的强化葡萄酒，被誉为葡萄牙的国宝，是用葡萄原汁酒和白兰地兑和而成。主要有红、白波特酒两种，也有将波特酒分为瓶装陈酿波特酒（Vintage Port）和桶装陈酿波特酒（Wood Port）的。波特酒酒味浓郁芬芳，在世界上享有很高的声誉。以陈化时间长为佳，通常在商标纸上标有陈化年份。较有名的牌子有道斯（Dow's）、泰勒（Taylor）等。

雪利酒主要产于西班牙的加的斯（Jerez）地区，是用葡萄酒兑和白兰地制成。根据制造方法分为淡色的菲奴（Fino）和浓色的欧罗索（Oloroso）两种，前者色浅，不甜但味道芬芳。后者色深，味道较甜。雪利酒的陈化有一种独特的“索乐拉方式”（Solera System），即在陈化过程中，将酒桶叠成数层，每年的销售是从最下面那两层的酒中每桶取出 1/3 销售，然后从最下面第二层的酒中注满最底层的桶，第三层的又注满第二层的桶，依此类推。新鲜的酒液补充到最上一层的酒桶中，保证了酒质的稳定。雪利酒味道清新、醇美甘甜。

玛德拉产于大西洋中的玛德拉岛上，是在发酵后的葡萄汁上添加烈酒，然后放在 50℃的高温室中储存数月勾兑而成。玛德拉酒酒色金黄，酒味香浓、醇厚、甘润，是优质的甜食酒，也是很好的开胃酒。酒精含量在 16°～18°。

3）利口酒（Liqueurs）

利口酒是一种以食用酒精和其他蒸馏酒为基酒，加入果汁和糖浆再浸泡各种水果或香料植物，经过蒸馏、浸泡、熬煮等过程而制成。一般至少含有 2.5%的甜浆。甜浆可以是糖或蜂蜜，大部分的利口酒含甜浆量都超过 2.5%。利口酒所采用的加味材料千奇百怪，最常见的有三大类，即植物、动物、矿物质。利口酒气味芬芳，口味甘美，适合餐后单独饮用，具有开胃、醒脑等保健作用。利口酒比重较大，也特别适合用来调配各种色彩层次的鸡尾酒。

利口酒因其生产方法不同、加香材料各异，酒品种类也很多，综合其加香材料，可以分为两大类，即果料利口酒和草料利口酒。

4）鸡尾酒（Cocktail）

鸡尾酒是一种混合酒，以一种或几种烈性酒作基酒，加入其他配料如汽水、果汁等，按照一定的方法调制而成的混合饮料。它是一种色、香、味、形俱全的艺术酒品。其特点是色彩斑斓、酒精含量较低、口味特别、兴奋作用较强。

2. 外国酒的特点

（1）配餐饮用

外国酒具有配餐饮用的特点，如开胃酒用于餐前，葡萄酒一般作为用餐酒，而甜酒、白兰地等则通常是餐后酒。人们在用餐时，不同的过程中搭配不同的酒品。即使是用餐时饮用的葡萄酒，不同的菜肴风味，饮用的葡萄酒也有区别。如肉类、野味和家禽类的菜肴，一般配以口味较浓的酒，如红葡萄酒；而海鲜类、鱼类、甜品等食物，则搭配清淡的酒，如白葡萄酒；玫瑰红葡萄酒不甜且较烈，通常可与任何食物进行搭配。

（2）饮用前可再次调制

除鸡尾酒外，外国酒基本都可以在饮用前再次进行调制。通过再次调制，可以使酒味更加适口。如在饮用开胃酒时，通常需要加苏打水；而饮用金酒、伏特加等烈性酒时则可加汤力水；饮用威士忌时可加冰块、苏打水等。

（3）长年陈酿

外国的许多酒都需要进行陈酿，以使酒达到更好的品质。如前面介绍的白兰地，在酒标上都会根据陈酿时间的不同进行标示。通常陈酿年份越长，酒越是昂贵，但并不是时间越长越好，如威士忌一般要储存 8 年以上，15～20 年酒的品质可达最佳，但超过 20 年，质量反而会有所下降。

（4）特殊的保管与贮藏方式

外国酒对保管与贮藏方式有较为严格的要求，要根据酒的不同特点进行合理存放。如白葡萄酒、香槟酒一般存放于低温酒库中，红葡萄酒通常在贮藏时要注意避免阳光照射。使用软木塞的酒都应平放或倒置，使酒液充分浸泡软木塞，以防止软木塞干燥，起到隔绝空气、防止腐坏的作用。而对于蒸馏酒，则应竖直存放，以利于瓶内酒精的挥发，降低酒精含量，改善酒质。

五、常见的非酒精饮料

非酒精饮料是指酒精含量小于 0.5%，以补充人体水分为主要目的的流质食品，主要包括各类碳酸饮料、果蔬汁饮料、茶饮料等。通常又把这些饮料统称为软饮料（Soft Drink）。

1. 成品非酒精饮料

（1）矿泉水

根据我国饮用天然矿泉水国家标准规定，饮用天然矿泉水是从地下深处自然涌出的或经人工挖掘的未受污染的地下矿泉水；含有一定量的矿物盐、微量元素和二氧化碳气体；在通常情况下，其化学成分、流量、水温等动态在天然波动范围内相对稳定。矿泉水因富含多种人体不可缺少的矿物质，水质好，营养丰富，深受人们的欢迎。其味有微咸和微甜两种，饮之清凉爽口，可助消化。

（2）乳品饮料

乳品饮料是指以牛乳或乳制品为原料，经加工处理制成液状或糊状的饮料。乳品饮料通常可分以下几类：

1）新鲜牛奶（Fresh Milk）

新鲜牛奶即低温保鲜奶，通常是指用原奶进行巴氏灭菌的牛奶，也叫巴氏奶，俗称鲜奶。这种牛奶一般不添加任何稳定剂、增稠剂、乳化剂等，是目前市场上销售量最大的一种。巴氏灭菌，就是将牛奶加热至60～63℃，并维持此温度30分钟，这样既能杀死全部致病菌，又能保持牛奶的营养成分，杀菌效果可达99%。

2）发酵牛奶

酸乳（Sour Cream）是用脂肪含量在18%以上的乳品，加入乳酸菌发酵后，再加入特定的甜味料，使其具有苹果、菠萝和其他特殊风味的饮料。

酸奶（Yogurt）是以新鲜的牛奶为原料，经过巴氏杀菌后再向牛奶中添加有益菌（发酵剂），经发酵后，再冷却灌装的一种牛奶制品，是一种有较高营养价值和特殊风味的饮料。目前市场上酸奶制品多以凝固型、搅拌型和添加各种果汁、果酱等辅料的果味型为多。酸奶不但保留了牛奶的所有优点，而且某些方面还扬长避短，成为更加适合于人类饮用的营养保健品。

冰淇淋是以牛乳或其制品为主要原料，加入糖类、蛋品、香料及稳定剂，经混合配制、杀菌冷冻而成的松软的冷冻食品，是人们十分喜爱的一款夏令饮品。

3）碳酸饮料

碳酸饮料也就是通常所说的汽水。它是一种含有大量二氧化碳气体的饮料。当饮用时，泡沫多而细腻，外观舒服，饮后爽口清凉，具有清新口感。一般可分为以下几类：

普通型。普通型通常是在经过纯化的饮用水中压入二氧化碳气体，一般不添加甜味剂和香料的饮料。常见的有苏打水（Soda）和俱乐部苏打水（Club Soda）以及矿泉水碳酸饮料（如Perrier巴黎矿泉水）。

果味型。这一类型的碳酸饮料通常是加入一定的食用香精和着色剂，使汽水具备了水果香型和色泽。它的特点是颜色鲜艳，但不含任何营养成分。常见的果味型汽水有柠檬汽水、汤力水（Tonic）和干姜水（Ginger Ale）等。

果汁型。果汁型汽水通常是在汽水中添加一定量的新鲜果汁制成的。它与果味型碳酸饮料相比除了颜色鲜艳，具备水果的色、香、味之外，还有一定的营养成分，有利于人体健康。

可乐型。可乐是一种含有可乐果提取物及其他调味品的碳酸软饮料，起源于美国，现在流传于世界各地。人们通常认为可乐是由美国的一位名叫约翰·彭伯顿的药剂师发明的，他期望创造出一种能提神、解乏、治头痛的药用混合饮料。在制作这一饮料的初期是不含气体的，后由于一次偶然的意外，变成了现在人们所熟悉的碳酸饮料。

2. 自制非酒精饮料

（1）果蔬汁

果蔬汁是指以新鲜水果、蔬菜为原料制取的汁液或以水果、蔬菜为原料，经压榨后所得的汁液，再添加食盐或糖等配料调制而成的制品。果蔬汁由于原料天然、色彩诱人、成本低廉、制作方便，且含有丰富的矿物质、维生素、糖类、蛋白质等营养成分，较易被人体吸收和利用，因此深受消费者喜爱。常见的果蔬汁饮料有橙汁、西瓜汁、番茄汁、黄瓜汁等。

（2）茶

茶被誉为“世界三大饮料”之一，是人们普遍使用的一种有益的饮料。我国是茶树的故乡，也是世界上最早把茶叶用于医疗的国家。种茶、制茶、饮茶都起源于我国。

茶以茶树新梢上的芽叶嫩梢（称鲜叶）为原料加工制成，又名茗。茶叶因其加工制作方法和品质特征的不同，通常可分为以下几类：

1）红茶。红茶是一种全发酵茶，在制造时一般将茶青直接放在温室槽架上进行氧化，不再经过杀青过程，然后经过揉捻、发酵、干燥等工艺处理加工出的茶叶，因茶色和叶底均呈红色而得名。红茶既可单独冲饮，也可加牛奶、糖等调饮。红茶的代表品种有祁门红茶、滇红等。

2）绿茶。绿茶是采用高温杀青的工艺制成的茶叶，以保持大自然绿叶的鲜味为原则，因茶色和叶底呈绿色而得名。绿茶属于不发酵茶，冲泡后茶汤色泽碧绿清澈、香气清新芬芳、鲜醇而不带苦涩味，是我国人民普遍喜爱的一种茶。绿茶含有机化合物 450 多种、无机矿物质 15 种以上，这些成分大部分都具有保健、防病的功效，因此具有良好的保健效果。绿茶的名贵品种有西湖龙井、黄山毛峰、碧螺春等。

3）乌龙茶。乌龙茶既是茶名又是品种名，由半发酵工艺制成，因此又称为半发酵茶。基本工艺过程是晒青、摇青、揉捻、干燥。由于乌龙茶外形色泽青褐，又称为青茶。乌龙茶具有独特的茶香味，在冲泡后，叶片中间呈绿色，边缘呈红色，因此俗称绿叶红镶边。乌龙茶的品质特点是，既具有绿茶的清新和茶香，又具有红茶醇厚的滋味。最负盛名的要数福建和广东两地所产的乌龙茶。其中福建的“武夷岩茶”更是乌龙茶中的珍品，代表品种还有铁观音、水仙等。

4）白茶。白茶，顾名思义，呈白色，因其成品茶多为芽头，满披白毫，如银似雪而得名。白茶是福建的特产，属轻微发酵茶。白茶的制作工艺是在采摘了细嫩、叶背多白茸毛的芽叶后，加工时不炒不揉，经过萎凋、晒干或烘干，使白茸毛在茶的外表完整地保留下来，因此具有外形芽毫完整，满身披毫，汤色清淡，味鲜醇的品质特点，是我国茶类中的特殊珍品。

5）黄茶。黄茶的品质特点是黄叶黄汤。黄茶的基本制作工艺近似绿茶，但在制茶过程中加以闪黄，因此具有黄汤黄叶的特点，这是制茶过程中进行闷堆渥黄的结果。黄茶芽叶细嫩，显毫，香味鲜醇。代表品种有产自湖南岳阳洞庭湖的君山银针、北港毛尖，四川雅安、名山县的蒙顶黄芽，浙江温州的平阳黄汤等。

6）黑茶。黑茶的基本工艺流程是杀青、揉捻、渥堆、干燥。由于黑茶的原料比较粗老，制造过程中往往要堆积发酵较长时间，所以叶片大多呈现暗褐色，因此被人们称为黑茶。黑茶属于后发酵茶，是我国特有的茶类，生产历史悠久，以制成紧压茶边销为主。黑茶分为湖南黑茶、湖北老青茶、四川边茶和滇桂黑茶。

7）再加工茶。主要有两种：一是花茶，又名香片，一般是指以绿茶、红茶、乌龙茶等作为茶坯和各种香花进行拼和窨制而成。花茶用的香花种类众多，主要有茉莉、桂花、玫瑰等，其中以茉莉花茶为上品，深受北方人喜爱。二是果味茶，一般是将茶叶的半成品或成品加入果汁后制成各种果味茶，这类茶既有茶味，又有果香味，风味独特。

（3）咖啡

咖啡原产于埃塞俄比亚，由于咖啡具有振奋精神、消除疲劳、除湿利尿等功效，深受人们的喜爱，成为世界上消费量最大的一种饮料。咖啡豆就是指咖啡树果实内的果仁，日常饮用的咖啡是用咖啡豆配合各种不同的烹煮器具制作出来的，再用适当的烘焙方法烘焙而成。

（4）可可

可可是驰名世界的三大饮料之一。原产于美洲热带地区，在我国广东、台湾等地也有栽培。可可的果实经发酵及烘焙后可制可可粉及巧克力。

六、酒的品尝、鉴别和保管

1. 饮酒的最佳温度

因酒品种的不同其最佳饮用温度也有所不同。主要有冷饮、温饮、热饮。热饮如饮加饭酒、花雕、桂花陈，一般浸于热水中加温；冷饮如饮啤酒、白兰地，一般加冰或浸于冰桶和放于冰柜。

一般来说，红酒最佳饮用温度为 18～22℃，即室温。啤酒最佳饮用温度为 8～12℃。香槟和汽酒最佳饮用温度为 7℃。黄酒以 40～50℃为佳。

2. 品酒方法

品酒时，首先注意颜色、透明度、醇味、香味、酸味、口味、收缩性、甜度和平顺度。其次要视觉、嗅觉、味觉齐用。另外，要保持口腔的干净卫生和周围空气清新。酒的温度也要调至适宜。

品酒步骤：

（1）使用高脚杯（可减少手温对酒的影响）。

（2）斟入约 30 毫升酒。

（3）拿起酒杯，先看色再闻香后尝味。

（4）呷一小口酒。

（5）让酒慢慢流过舌头面，使其与味蕾充分接触。

（6）最后把酒咽下去，细品余味。

3. 酒的质量鉴别

酒虽然宜于保存，但由于生产日期不同和各厂生产的质量标准参差不齐，质量也就不一样。作为餐厅服务员，有必要了解和掌握各种酒的质量鉴别方法。

（1）白酒

质量不高的白酒，通常有下列情况出现：

1）失光。白酒酒液失去应有的晶莹透亮感，酒中有杂质。

2）混浊。酒液由于温度或工艺上的原因，出现絮状物，产生混浊。

3）色泽。正常白酒应是质地纯净，无色透明，如因酿造原料或储存时间过长，酒液出现发黄或其他颜色，这样的酒不能饮用。

4）变味。酒液由于受水质或油脂混入，或储存不当，出现杂味，这样的酒也不能饮用。

（2）黄酒

黄酒的质量是从色、香、味三个方面鉴别。

1）色。不论浅黄、褐黄、黑褐等均应晶明透亮，无沉淀物。

2）香。以浓郁者为佳。

3）味。应以醇厚、略带甜味、鲜味为佳。

如果酒液失去光泽，并伴有悬浮物和出现腐臭味，这样的黄酒不能饮用。

（3）啤酒

啤酒是一种低度发酵酒，保质期短，各项指标要求严格。

如果保存时间过长，受到阳光长时间照射，运输不当，储存温度过高或过低，原料或酒液被污染或密封不严，均会让啤酒产生沉淀。除因温度过低产生的沉淀经升温后沉淀消失的啤酒仍可饮用之外，其他酒的沉淀、混浊等现象均属变质。

另外，啤酒出现颜色过深、过浅、无泡沫、淡而无味或有异味等现象，大部分为生产、运输、储存和销售过程中出现的问题，也应谨慎对待。

（4）葡萄酒

葡萄酒的质量可以从色、香、味三个方面鉴别。

1）色泽。红葡萄酒的酒液应为紫红色，白葡萄酒的酒液应呈淡黄色。液体透明，不混浊。

2）香气。除具有一般果香外，还伴有浓郁的醇香味。

3）滋味。酸甜适口，醇厚，无酒精味。

如果出现混浊、苦涩、絮状沉淀，味道怪异（如汽油、奶酪等怪味），淡而无味、白葡萄酒的颜色变深等现象，均属变质酒。

4. 酒的保管与储存

酒属于食品，保管与储存过程中要符合食品卫生要求，同时还要保持酒的特色，具体要求是：

（1）必须针对各类酒的不同特点，因地制宜地选择清洁卫生、蔽光、干燥、温度适宜的仓库储存酒类，对于白酒，保存温度以低温为好，这样可以减少挥发、防止渗漏，但要注意加强防火措施。

（2）要控制好保管温度，黄酒、啤酒、果酒等低度酒一般以5～25℃为宜，既不能过高过低，更不能忽冷忽热。

（3）要注意清洁卫生，防止细菌感染。

（4）红酒应倒过来放置。

技能要求

酒水介绍

一、操作准备

1. 场地

餐厅，餐桌、餐椅等。

2. 物品

托盘、茅台酒等品牌酒。

二、操作步骤

以茅台酒为例。

步骤 1：报酒水名

双手捧茅台酒，或者用托盘轻托茅台酒。

报酒名：“各位嘉宾，这是茅台酒”，可以配合手势。

报酒名时，要把酒标正对宾客，并可旋转茅台酒瓶体，让客人欣赏。

步骤 2：茅台酒典故介绍

礼貌征求客人意见：“我为大家介绍一下中国国酒——茅台酒，好吗？”

“茅台酒产于贵州省仁怀市茅台镇，因产地而得名，已有 270 余年的历史。据说古时有一个贾姓盐商请山西酿酒大师在茅台镇酿制汾酒。但依汾酒制法，用茅台镇当地的赤水河之水作引，酿出的酒风味却与汾酒不同，所以称为华茅，就是杏花茅台。”

步骤 3：茅台酒特色介绍

“茅台酒生产时讲究酿酒材料要粗，入池水分要低，多次加曲，多次摊晾，多次堆积，多次入池发酵，精心勾兑陈酿而成。茅台酒是酱香型白酒的典型代表，酒体完美，丰满醇厚，余香持久净爽，空杯留香不绝。周总理多次在国宴上向外宾介绍，说喝了茅台‘喉咙不痛，也不上头’‘比伏特加好喝’。请各位品尝醇香、回味悠长的茅台酒。”

步骤 4：结束语

1. “各位嘉宾，请品尝！”
2. “我现在可以打开酒吗？”

三、注意事项

1. 介绍时口齿清晰，不仅要朗朗上口，而且要易于入耳，节奏要适中匀称，做到自然流畅、轻快和谐，给人以美感。

2. 尽量使用大众化词语，语言通俗易懂，避免用有歧义或生僻的词汇，利于客人更好地接受。

3. 介绍时应大量使用短句和散句，适当运用整句和长句，使客人便于理解。

4. 面带微笑，态度大方，仪容仪表得体。

相关链接

中国传统八大名酒

1. 茅台

茅台酒历史悠久，源远流长。从公元前135年汉武帝“甘美之”的褒奖到1704年后清代大儒郑珍“酒冠黔人国”的赞誉，从1915年荣获巴拿马万国博览会金奖，到新中国成立后屡获国际金奖。茅台酒是风格最完美的酱香型大曲酒之典型。其酒质晶亮透明，微有黄色，酱香突出，令人陶醉。敞杯不饮，香气扑鼻；开怀畅饮，满口生香；饮后空杯，留香更大，持久不散。口味幽雅细腻，酒体丰满醇厚，回味悠长，香气不绝。

2. 五粮液

五粮液酒是四川省宜宾五粮液酒厂的产品。多次在国际食品节上获得金奖。五粮液酒无色，清澈透明，香气悠久，味醇厚，入口甘绵，入喉净爽，各味协调，恰到好处。饮后无刺激感，不上头。开瓶时，喷香扑鼻；入口后，满口溢香；饮用时，四座飘香；饮用后，余香不尽。属浓香型大曲酒中出类拔萃之佳品。

3. 洋河大曲

洋河大曲始兴于隋唐，隆盛于明清，为清皇室贡品。乾隆皇帝南巡时，品后盛赞：酒香味纯，真佳酒也！1979年、1984年、1989年三次蝉联中国名酒称号。形成了入口甜、落口绵、酒性软、尾爽净、回味香的淡雅风格，在浓香型白酒中独树一帜。

4. 古井贡

古井贡酒是安徽省亳州市古井酒厂的产品。酒液清澈如水晶，香醇如幽兰，酒味醇和，浓郁甘润，黏稠挂杯，余香悠长，经久不绝。

5. 剑南春

剑南春酒是四川省绵竹县剑南春酒厂的产品。酒质无色，清澈透明，芳香浓郁，酒味醇厚，酒体丰满，香味协调，恰到好处，清冽净爽，余香悠长。

6. 泸州老窖

泸州老窖特曲又称泸州老窖大曲酒，是四川省泸州老窖酒厂的产品。此酒无色透明，窖香浓郁，清洌甘爽，饮后尤香，回味悠长。具有浓香、醇和、味甜、回味长四大特色。

7. 汾酒

杏花村的汾酒酿酒史最少可以追溯到 1 500 年以前。具有清亮、透明、入口绵、落口甜、饮后余香、味感醇正的清香型白酒的特点。

8. 董酒

在中国名优白酒这个大家族中，董酒是唯一使用上百种中草药酿造，而没有成为药酒，却具备了综合保健功能的白酒。这在酿造业中不能不说是个奇迹。董酒的保健功能关键是配方中含有“清”的大量药物。清者轻也；清者正气也；清者阴阳协调也。酿酒也已发酵的生成衍生物和未发酵的衍生物入酒，药力借助酒力进入病灶，经过清、理、补、滋，进而固本，达到强身健体的功效。董酒有别于酱、浓、清、米香型酒，因舒适药香和爽口微酸而别具一格。

第3节　点菜点和点酒水服务

学习单元1　点菜点服务

学习目标

- 了解点菜点的程序和技巧
- 掌握如何根据宾客的需求为客人点菜点的技能
- 能够掌握点菜点服务技能

知识要求

点菜点是客人购买餐饮产品的初始阶段，关系到整个服务过程的成败。如果点菜的服务不周到，客人很可能会拂袖而去，甚至可能对餐厅的整个服务不满，既影响了声誉，更影响了餐饮企业的经济效益。因此，餐厅服务员需要掌握点菜点的基本程序、基本要求和服务方法。

一、基本程序

点菜服务是一项考验服务员技巧和能力的工作环节，要求服务员了解宾客的需求，熟悉菜单，主动提供信息，规范安排菜肴。

点菜点的程序一般为：

点菜点准备 → 接受点菜、提供建议 → 记录内容、复述确认 → 礼貌致谢

点菜的基本程序从形式看比较简单，然而，要将这些程序有机地结合起来，达到客人满意的效果，却不是一件简单的事情。客人对菜食的喜好程度不同，饮食习惯、方法不同，对餐厅供应产品的熟悉程度不同，对产品风味和产品价格的要求不同，这些都需要餐厅服务员在点菜的过程中多加注意，并予以妥善解决。

1. 点菜点准备

在营业前，服务员要准备好菜点、点菜单、笔（如果是无线网络点菜，需要检查点菜器的状态）等，做好准备工作，及时了解菜点供应的变化情况。

2. 接受点菜、提供建议

当客人入座后，服务员应及时向客人打招呼并送上点菜单。招呼客人时应热情有礼、面带微笑。

在客人点菜过程中，服务员应站在客人身侧，向客人推荐餐厅的特选菜肴或促销菜。在帮客人推荐菜肴时，应主动了解客人的饮食习惯和口味要求，推荐合适的菜肴，并向客人简单介绍菜肴的特点。同时也应注意客人所点菜肴应荤素搭配以及原料品种、口味、烹调方式和档次高低等方面适当搭配，分量适中。当客人点菜过多时，应及时向客人提出建议，避免浪费。当客人对菜肴的名称有疑问或想了解菜肴的特点等情况时，服务员应向客人进行适当的介绍。

3. 记录内容、复述确认

服务员在接受客人点菜时，应站在点菜客人的左边，一手拿点菜单，另一手准备好用于记录的圆珠笔或水笔，在记录客人点菜内容时应端正站立，不应为了图省事而将点菜单放在客人的餐桌上。

服务员在开点菜单时，应注意将顾客与其所点的菜肴一一对应。特别是在西餐中，客人有时会要求分单结算，这时如果能将客人与其所点菜肴对应起来，收银员就可以比较方便而准确地开出每位客人的账单。

填写点菜单时必须填写清楚，切忌涂改。通常应根据点菜单上的项目内容逐项填写，并写清日期、台号、服务员姓名等内容。当客人对于菜肴有特殊要求时，一定要在点菜单的备注栏里写清楚。点菜单一般一式四联，一联交由厨房进行备菜，一联交收银台，一联给出菜口便于跑菜员上菜，一联放顾客处存根备查。

当顾客表示点菜完毕后，服务员为了避免出现差错，应向客人重复一遍所点的菜肴，尤其是当客人点菜时进行过更改时，更应与客人确认。

4. 礼貌致谢

点菜完毕后应向客人道谢，并请客人稍等，及时将点菜单送入厨房。

二、基本要求

从客人的要求和酒店餐饮服务的特点来看，点菜点服务需要注意如下几点：

1. 时机与节奏

在客人就坐后几分钟内要及时到客人身边接受点菜。

2. 客人的表情与心理

开始点菜时，服务员要细心观察客人的表情，揣摩客人的心理。

要掌握“一看二听三问”的技巧。

（1）“看”

看客人的年龄、举止，判断是外地人还是本地人，是吃便饭、洽谈生意还是宴请朋友聚餐。如果是调剂口味的要判断是属于炫耀型还是茫然型，还要观察谁是主人、谁是客人。

（2）“听”

听口音，判断地区或从客人的交谈中了解其与同行之间的关系。

（3）“问”

通过征询客人饮食需要，作出适当的菜点介绍。

3. 认真与耐心

详细介绍、推介，耐心听取客人的意见。

4. 语言与表情

具有良好的语言表达能力，灵活、巧妙地运用能使顾客满意的语言，谈吐自如，微笑自然。

5. 知识与技能

（1）对菜品、点菜等知识要有充分的了解。

（2）根据观察判断宾客的要求。

（3）掌握业务知识与技能。

三、点菜点服务方法与技巧

1. 点菜点服务方法

在客人点菜时，服务员除了按基本程序和基本要求为客人服务之外，还应具备灵活处理特殊问题的能力。这种能力是素质和修养的体现，是经验、技能和技巧的反映，是灵感和智慧的结晶。点菜服务的方法主要有：

（1）程序点菜法

按照各餐饮企业既定的点菜程序，一般为：递菜单，客人点菜，服务员确认并报菜价记下菜名，最后向客人确认所有点菜。

（2）推荐点菜法

一般与程序点菜法结合起来使用，服务员在客人点菜的同时，主动向客人推荐特色菜和菜肴组合方案，由客人确认后记录下来。

（3）推销点菜法

根据客人的消费动机推销菜肴。可以根据客人的不同消费目的进行针对性的推销，例如：

1）便饭。来餐厅吃便饭的客人有各种情况，有的是外地客人，因出差、旅游、学习、居住在酒店，就近解决吃饭问题。有的是居住在附近的本地人，因某种情况而来餐厅用餐等。这些消费者的要求、特点是经济实惠，快吃早走，品种不要太多，但要求快，应主动介绍价廉物美、有汤有菜、制作时间短的菜肴。

2）调剂口味。来餐厅调剂口味的客人，大部分是慕名而来想尝酒店的风味特色、名菜、名点或者专门是为某一道菜肴而来。在服务过程中要多介绍一些反映特色的菜肴，数量上要少而精。

3）宴请。除结婚、庆寿等宴请以外，还有各种原因的宴请如商务等宴请。这类宾客要求讲究一些排场，菜肴品种要丰盛，注重菜肴的精美、充足，且在一定的价格范围之内。

4）聚餐。如同事、朋友等聚在一起。他们要求热闹，边吃边谈，菜肴品种丰富而不多，精细而不贵，有时每人点一个自己喜欢吃的菜，有的也喜欢配菜等。

（4）心理点菜法

按顾客的心理个性和消费行为特征推销菜肴。

1）炫耀型。这类顾客情感丰富，一般易感情用事，重友情，好面子，喜欢炫耀富有和慷慨邀请朋友，有时一餐就用掉三个月工资，即便一个人也要点两三道菜，这类客人不求快只求好。

2）茫然型。这种顾客多数还不习惯在外就餐，不知去哪个餐厅好，不知吃什么好，对就餐知识和经验比较缺乏，随便找个地方就吃一顿。

3）习惯型。这些顾客吃惯了并不一定有独特风味的食物，但由于长期食用，在决定就餐时就形成一种心理惯性。习惯型的顾客行为表现为偏好一种小吃，喜好于某一饭菜的风味，或信奉某一餐厅、某一厨师的声誉。在为这类顾客服务时，应注意与客人打招呼（最好是加姓）并可试问，“××先生还是和上次一样吗？我们今天推出了××是您以前没有用过的”。

2. 点菜点服务技巧

（1）接受点菜点的顺序

在一批客人前来就餐进行点菜时，如主人为邀请的客人点菜时，服务员应从左边先去招呼这位主人；如果主人是请客人自行点菜时，应该从主人右手边的客人开始点菜，或者从其中一位女宾开始；有时也可以从已经准备好的那位客人开始接受点菜。

（2）推荐菜肴的技巧

较好地向客人推荐菜肴，不仅能让客人满意，也能给餐厅增加收益，因此，服务员应掌握推荐菜肴的技巧。

1）推荐菜肴要注意时机。当客人对餐厅菜肴不太了解、感觉为难时，可以适时地向客人提出一些建议，或者吃西餐时当客人点了主菜后可建议客人搭配相应的色拉，也可以根据时令季节、客人年龄、性别、国籍等有针对性地向客人推荐。

2）推荐菜肴要注意语气。做到诚恳、适度、热情。不能使客人产生服务员在强制推销或者是为了给餐厅增加销售额，而应让客人感觉是从他的角度出发，是站在客人的立场上来给他们提供服务。

3）推荐菜肴要注意客人个性。不同性格的客人喜好也不一样。如对于一些较为计较价格的客人，可推荐一些便宜的特色菜；而对于一些活泼、敢于尝试的年轻客人，则可推荐一些创新菜肴或特色菜肴；对于老年客人，应根据他们的情况推荐一些易入口、易消化的菜肴。

4）推荐菜肴要注意用语。多使用建议语气，如“您来点甜点，如何?”同时，在推荐时应多使用选择问句，少用是否问句。当问客人“请问要点海鲜吗?”客人通常会直接拒绝，而如果使用选择问句：“您喜欢清蒸鲈鱼还是红烧鲈鱼?”可能会得到不一样的结果。

5）推荐菜肴要注意艺术。如应用一些修饰用词来引起客人的食欲，例如，当推销龙虾时可向客人介绍：“我建议您来点我们厨师秘制的火焰龙虾。”既能引起客人食欲，又能让客人产生好奇心。

（3）点菜注意事项

1）根据客人的心理需求尽力向客人介绍时令菜、特色菜、招牌菜、畅销菜。

2）客人点菜过多或在原料、口味上重复时，应及时提醒客人。

3）客人已点菜肴估清时，及时告诉客人换菜，并推荐与估清菜肴相似的菜肴。

4）客人未到齐时，菜单上应注明，赶时间的客人应注明加快，有特殊要求的客人也应注明，如不吃大蒜、不吃糖、不吃辣等。

5）海鲜写明做法、重量，并且问询宾客是否需要确认。

6）台号、桌数写清楚。

7）分单部门单据要分清楚。

8）点完菜以后应向客人复述一遍。

9）鱼的做法应写明。

10）掌握急推菜肴的推销方法（最大限度减少酒店的损失）。

11）用餐过程中征询客人意见。

12）要熟练掌握服务过程中发生的如上错菜、退菜、退海鲜等情况的处理方法。

13）要熟记菜肴的搭配方法、各种海鲜的食法等知识。

14）注意酒水的推销。酒水的利润较高，在点完菜后，不要忘记询问客人是否需酒水，并根据情况适当介绍。

15）绝对禁止恶意推销。

技能要求

根据宾客需要点菜点

一、操作准备

1. 场地

餐厅。

2. 物品

餐桌、餐椅、菜单等。

二、操作步骤

步骤 1：点菜点准备

餐厅点菜单

NO：________　　　　　　　　　　________餐厅

桌号：		人数：	日期：	点菜时间：
序号	菜名	数量	价格	备注
合计				

备注：红色联——厨房，绿色联——收银台，黄色联——传菜间，白色联——顾客

服务员签名：________

步骤 2： 接受点菜、提供建议

1. 礼貌请客人点菜。

2. 向客人介绍菜单。

3. 主动与客人交流，做好客人的点菜参谋，适时进行菜点的推销。

步骤 3： 记录内容、复述确认

1. 手写填单（或者通过无线网络使用点菜器准确输入菜名、数量等信息）。

2. 向客人复述所点菜点，并得到客人的确认。

步骤 4： 礼貌致谢

1. 感谢客人。

2. 迅速下单。

点菜实例分析

案例 1：

5 月 15 日据前台反映，703 房客人昨日在食街用晚餐，餐后客人另外点了鱼头和排骨，要求打包带到客房。晚上客人发现只有一份排骨，表示不满。

案例分析：

经调查，当时客人所点的鱼头估清，服务员已向客人说明并将此菜退掉，可能客人未听清楚，误以为此菜已收钱未打包。通过负责人向客人解释，客人才表示谅解。

在为客人点菜前，服务员要清楚当天估清的菜式，以免出现换菜现象。对于临时估清的菜式，服务员要及时知会客人，询问客人是取消菜式还是换其他菜式，并向客人道歉。在为客人结算过程中，如出现过换菜或取消菜式等情况，可附带向客人解释相关费用，避免出现误会，让客人高高兴兴来，明明白白消费。

案例 2：

许先生和几个朋友去餐厅吃饭。不一会儿，一道道菜就陆续上桌了。客人们喝着酒水，品尝着鲜美的菜肴和烤鸭，颇为惬意。吃到最后，桌上仍有不少菜，但大家却已酒足饭饱。突然，同桌的小康想起还有一道清蒸鱼没有上桌，就忙催服务员快上。

鱼端上来了，大家都吃了一惊。好大的一条鱼啊！足有 3 斤重，这怎么吃得下呢？

“服务员，谁让你做这么大一条鱼啊？我们根本吃不下。”许先生边用手推了推眼镜边说道。

"可您也没说要多大的呀?"服务员反问道。

"你们在点菜时应该问清客人要多大的鱼,加工前还应让我们看一看。这条鱼太大,我们不要了,请退掉。"许先生毫不退让。

"先生,实在对不起。如果这鱼您不要的话,餐厅要扣我的钱,请您务必包涵。"服务员的口气软了下来。

"这个菜的钱我们不能付,不行就去找你们经理来。"小康插话道。最后,服务员只好无奈地将鱼撤掉,并汇报领班,将鱼款划掉。

案例分析:

在为客人点菜时,遇到点鱼等菜肴时,应在菜单上注解清楚,并向客人说明计价收费办法,避免客人产生错误判断,给客人或者餐厅带来损失。同时,因服务员工作失误引起的后果,本案例的处理方法是正确的,有利于餐厅树立优质的服务形象。

学习单元2 点酒水服务

学习目标

➢ 了解点酒水的程序和技巧

➢ 掌握如何根据宾客的需求为客人点酒水的技能

➢ 能够掌握点酒水服务技能

知识要求

点酒水和点菜点服务一样,是餐饮企业产品销售的重要组成部分,美酒佳酿不仅能使菜品增色,还有助于客人间沟通感情、活跃气氛、增进友谊,创造美好的就餐氛围。针对客人需求,通过规范的点酒水服务程序,为客人提供优质的点酒水服务,不仅可提高餐厅的服务质量,而且能增加餐饮企业的经济效益,增强企业竞争力。

一、基本程序和要求

点酒水服务的基本程序、要求和点菜点基本相同。当客人点好菜点后,要及时向客人递上酒水单,询问客人喜欢喝什么酒水,并适当提供建议和推销。服务员应向客人介绍本企业主要的和具有特色的酒水品种,并耐心回答客人的有关提问。开单后，服务员要向客人重复一遍所点酒水的名称、数目，得到确认，以免出错。基本程序如下：

1. 做好点酒水的准备工作

在点酒水之前要了解本企业的酒水供应情况，价格变化和重点推销品种，做好点酒水单准备。

2. 询问并接受点酒水

当客人点好菜点后，应及时询问是否要求点酒水，并主动呈上酒水单，介绍酒店供应品种和主要推销酒水品种，主动、耐心地当好客人的参谋，自然、恰当地向客人建议，以最佳的服务状态达到最满意的销售结果。

3. 复述、确认

把客人所点酒水的内容复述一遍，请客人确认。

4. 礼貌致谢、及时下单

点酒水完毕，要及时向客人致谢。同时要做到填写酒水单的字迹工整，所有项目应按照要求填写完整，客人的特殊要求一定要注解清楚，并及时向酒吧（酒水服务台）下单。

点酒水的要求和方法参见本节“点菜点要求”“点菜点方法”。

二、餐厅酒水服务和推销技巧

1. 积累服务基本功

（1）养成记住客人姓名和爱好的习惯，区分客人的类型，以便顾客日后再光临时提供优质服务和方便推销。

（2）熟记饮料、酒水名称，通晓所推销的饮品的品质、口味和营养特点。

（3）熟记酒水价格，为客人提供选择建议。

（4）做好餐间斟酒服务，保证客人酒杯处于满杯状态。

2. 掌握常用推销技巧

（1）根据客人类型重点推销

根据包间类型、客人类型，先推介高价位酒水，后推介中低价酒水，男士推介洋酒、红酒或者啤酒，女士推介饮料、雪糕等。

（2）根据客人的反应合理推销

服务员介绍和推销后客人的反应十分重要。若客人反应明确，就征询所点酒水的数量；若客人犹豫不定，则主动引导客人，帮助客人拿主意，其间不可忽视女性客人，对她们应热情并主动介绍，并要兼顾主人和主宾的需求，尽可能达到和谐。

（3）根据就餐进程适时推销

客人就餐过程中也是推销的好机会。这时的推销更要注意适时、适量，要恰到好处，否则容易弄巧成拙。

（4）根据不同情况有效推销

介绍单项酒的品种时，要注意礼貌用语和二选一推销结合使用，如“先生/女士，我们的啤酒有 1 号和 2 号，请问您是要 1 号还是 2 号”。

（5）推销时要注意身体语言的配合

与客人讲话时，目光注视对方，以示尊重；上身微倾，尽量接近客人讲话，不要距离太远；客人讲话时，随时点头附和，以示听清，若没有听清，说声：“对不起，麻烦您再说一遍。”

回答客人疑问要准确、流利。含糊其辞的回答，会使客人怀疑餐厅所售酒水的价格、质量。在语言上也不允许用“差不多”“也许”“好像”等词语。例如，在推销“××贡酒”时应该向客人推销说：“先生，您真有眼光，××贡酒是我们餐厅目前销售最好的白酒之一，它之所以深受客人的欢迎，是因为制作贡酒所用的矿泉水来自当地一大奇观‘××泉’。××贡酒属于清香型酒，清香醇正，入口绵爽，风味独特，同时还是您馈赠亲朋好友的上好佳品，我相信选择它一定会令您满意的。”

技能要求

根据宾客需要点酒水

一、操作准备

1. 场地

餐厅。

2. 物品

餐桌、餐椅、酒水单等。

二、操作步骤

步骤 1：点酒水准备

步骤 2：接受点酒水、提供建议

1. 礼貌请客人点酒水。

2. 向客人介绍酒水品种。

餐厅酒水点单

NO：________　　　　　　　　　　　　　　　　　　________餐厅

桌号：		人数：		日期：	点酒水时间：
序号	酒水名称		数量	价格	备注
合计					

备注：红色联——酒吧，绿色联——收银台，黄色联——配送酒水员，白色联——顾客

服务员签名：________

3. 主动与客人交流，做好客人的点酒水参谋，适时进行酒水推销。

步骤 3： 记录内容、复述确认

1. 手写填单（或者通过无线网络使用点菜器准确输入酒水品名、数量等信息）。
2. 向客人复述所点酒水，并得到客人的确认。

步骤 4： 礼貌致谢

1. 感谢客人。
2. 迅速下单。

点酒水实例分析

案例：

某酒店餐饮部最近不到一周的时间，发生两起酒水投诉：一起投诉是因洋酒存放时间太久，打开注入杯中有混浊样，客人怀疑是假酒，摔杯投诉，餐饮部出面解决未果，后经总经理出面赔礼道歉，并适当减免费用，事态才得以平息。后来，餐饮部针对该事件，召开了分析会，并对直接责任者当班员工进行了处罚，以告诫其他员工。然而，这件事过去不到三天，该酒店餐饮部又发生了一起酒水投诉，这次不是洋酒混浊，而是啤酒里居然有异物，让客人恶心不已，最后仍然是总经理出面才得以解决。

案例分析：

1. 首先，作为酒水存放处的仓库在进货时要把好关，杜绝伪劣产品，其次是

仓库要定期盘点，特别是对贵重酒水进行定期检查，确实有质量问题严禁出库。

2. 部门酒水员在领料时也要严把质量关，不合格的立即退还给总仓。

3. 服务员在向客人出售酒水时更应该把好质量关，在开酒前，要对将要出售的酒水逐个检查。当然，这些工作要在短时间内完成，不得影响对客人服务。

如果能做好以上三点，并形成制度，经常督促，类似案例中发生的酒水投诉是可以避免的。

相关链接

PDA 无线点菜系统

餐饮业庞大的场地空间、烦琐而重复的点餐程序催生了 PDA 无线网络点菜系统，如图 2—9 所示。

通过具有无线功能的 PDA 掌上电脑，服务员可以随时随地使用该系统为顾客进行点菜、加菜、退菜、赠菜、估清、催菜、缓菜等操作，并可通过真彩屏查看所点的菜品图片，对点单可加备注（即单注，如加急出菜，先上饮料等），可对不同菜品明细加口味（如少糖、加冰等）、做法（如清蒸、红烧等），还可对单到菜品注释（即品注，如此菜为某号桌台某席位客人点的菜等）。并实时地把数据传到账台和厨房，系统根据各种菜品的出品间自动进行分类，打印机将各个分菜单打印到相应的厨房。同时，还能进行海鲜数量确认、会员卡密码验证、预订查看及预订转入等特殊操作；当前营业状况查看、桌台账单查看等查询功能。

PDA 无线点菜系统具有以下优势：

1. 无线点菜

通过 PDA 手持点菜机，服务员可以随时随地使用系统为顾客进行点菜、加菜、退菜、催菜、缓菜等操作，并即时地把数据传到收银台和厨房。

2. 操作简便

前台使用 PDA 掌上电脑作为客户端，所有的操作都是笔触式和键盘输入，操作非常方便。

3. 功能齐全

其功能涵盖餐饮前台营业所有业务流程，适用各种大、中、小型餐厅。

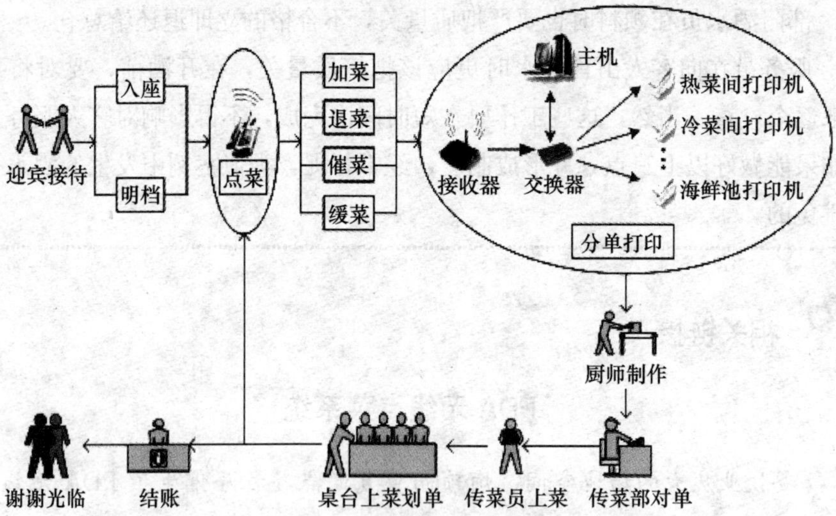

图 2—9　PDA 无线点菜系统服务

4. 时尚美观

PDA 掌上电脑具有时尚流行的外观以及绚丽的彩色屏幕，让客人有耳目一新的感觉，从而起到品牌效应。

思考题

1. 结合自身体会谈谈餐厅服务员应如何站好？
2. 餐厅服务员在行走时要注意些什么？
3. 餐厅迎宾（领位）员工作的具体要求是什么？
4. 简述烹调制熟方法的种类。
5. 菜点命名方法有哪些？
6. 酒有哪些主要功能？
7. 酒品风格可以从哪些方面进行评价？
8. 如何品酒？
9. 举例说明如何鉴别酒品的质量。
10. 简述点菜的基本程序和方法。

第3章 餐间服务

第1节 上 菜

学习目标

➢了解中餐上菜的程序和上菜方法等知识

➢掌握中餐上菜的技能

➢能够掌握根据菜肴特点正确上菜的技能

知识要求

一、传菜服务

传菜是上菜服务工作的第一个步骤。当菜肴在厨房完成加工后，一般情况下由服务员把菜肴传送到餐厅指定位置（如餐厅工作台），再由值台服务员上桌。传菜过程虽然不与顾客直接接触，但是传菜质量的好坏直接影响到整个上菜服务的质量，很多餐饮企业把这一服务过程专业化，形成了“传菜员”岗位设置。

1. 传菜工作要求

传菜员应准备传菜时所需的大小托盘及配合上菜时所需使用的器皿，如保温用的盘、盖等及上菜时所需附带的作料，托盘务必随时擦拭，保持干净及美观。同时，要了解宾客所点的菜色、分量及先后的上菜顺序，与厨房密切配合，对宾客用餐的时间需确实掌握，避免上菜时机不对，太快或太慢，影响宾客用餐情绪。

在实际传菜工作过程中，要做到以下十不传：

（1）餐具破损不传。

（2）不见菜单不传（传菜部有一份客人点菜单，严格按照菜单上菜，防止上错或内部人员私自加菜）。

（3）菜品有异物不传。

（4）菜品分量不足不传。

（5）配菜不对不传（根据菜品名称，传菜部人员应该熟知每道菜的主料、辅料）。

（6）菜品有异味不传。

（7）菜品色泽不好不传。

（8）菜品没有夹子不传（每道菜品盘边有用夹子夹着从厨房打印的小单，上面有客人就餐桌号、菜品名称、厨师号等，避免走乱）。

（9）装盘不符合规定不传。

（10）出菜次序错误不传。

2. 传菜工作标准

传菜员的传菜质量主要体现在传菜的正确性、传菜的速度、保持菜点质量等方面，其工作流程和服务质量标准见表3—1。

表3—1　传菜工作流程及标准

工作流程	服务标准
接单分类	1. 接到点菜单后，首先检查点菜单上的桌号菜肴名称和有关事项，以防出错 2. 传菜员留第三联，将第二联夹上台号夹交厨房，按厨房分工对菜单分类，分送不同的加工间
配料准备	菜肴如有配料、调料要提前准备好
核菜划单	1. 根据点菜单核对桌号和菜肴名称，避免出错 2. 把好菜肴质量关，做到“五不取”：数量不足不取，汤汁温度不适不取，颜色不正不取，调配料不全不取，器皿不洁、破损不符合规格不取 3. 出菜后传菜员核对划单，将做好的菜肴准确无误地送至餐厅
传菜	1. 做好菜肴的保温，按照规定路线及时准确地将菜肴传到餐厅指定位置，传菜时应做到传送平稳、汤汁不洒、及时到位、不拖不压 2. 将菜肴放在工作台上，告知值班服务员，不得自己动手上菜
收盘	协助服务员将撤下的空盘、杯等撤回洗碗间
信息传递	及时将餐厅客人的进餐情况反映到厨房，保持餐厅与厨房的沟通

二、上菜原则

1. 位置原则

（1）以不打扰客人为原则

中餐宴会服务时，严禁在主人和主宾之间上菜。如果是宴请外宾，中餐宴会可选择在陪同和翻译座位之间上菜。中餐宴会一般选择在副主人的右侧（或者翻译陪同之间）上菜，有利于副主人向客人介绍菜肴。中餐零点上菜，一般选择在比较宽敞一些的位置，切忌在老人和儿童旁边上菜。

（2）“左上右撤”的原则

“左上”即侧身站立在坐席左侧用左手上菜；“右撤”即侧身站立于坐席右侧用右手撤盘。

（3）主人、主宾优先原则

菜肴的摆放位置要体现主人和主宾优先的原则，第一道热菜应放在主人和主宾的前面，没有吃完的菜则移向副主人一边，后面上菜可遵循同样的原则。

（4）兼顾传统习俗原则

民间有“鸡不献头，鸭不献尾，鱼不献脊”的传统礼貌习惯，即在给客人送上鸡、鸭、鱼一类的菜时，不要将鸡头、鸭尾、鱼脊对着主宾。而应当将鸡头与鸭头朝右边放置。上整鱼时，由于鱼腹的刺较少，肉味鲜美腴嫩，所以应将鱼腹而不是鱼脊对着主宾，表示对主宾的尊重。

2. 时机原则

上菜时，可以将凉菜先行送上席。当客人落座开始就餐后，餐厅服务员即可通知厨房做好出菜准备，待到凉菜剩下 1/3 左右时，餐厅服务员即可送上第一道热菜。当前一道菜快吃完时，餐厅服务员就要将下一道菜送上，不能一次送得过多，以免宴席上放不下，更不能出现菜肴空缺的情况，让客人在桌旁干坐。这既易使客人感到尴尬，也易发生喝醉的情况。

3. 顺序原则

上菜顺序要按照地方习惯安排，一般顺序是先冷菜后热菜，先上海鲜、名贵菜，再上肉类、禽类、鱼类，接着是蔬菜、汤、面点，最后上水果。有些地方，比如广东地区是先上冷菜再喝汤，后面才上其他热菜。中餐上菜根据不同的菜系，就餐与上菜的顺序会稍有不同，但一般的上菜方式是先上冷菜便于佐酒，然后视冷菜食用的情况，适时上热菜，最后上汤菜、点心和水果。上菜时应该注意正确的端盘方法，端一个盘子时用大拇指紧贴盘边，其余四指扣住盘子下面，拇指不应该碰到盘子边的上部，更不允许留下手印或者手指进入盘中，这样既不卫生也不礼貌。

4. **整体原则**

凡是上带有调味佐料的热菜，如烤鸭、烤乳猪等菜肴要主菜、佐料一同上桌，切忌遗漏调味佐料，一次性上齐，并且可以对食用方法略作说明。

5. **味质原则**

先冷后热、先菜后点、先炒后烧、先咸后淡、先清淡后肥厚、先优质后一般。如客人对上菜有特殊要求，应灵活掌握。

三、上菜方法

1. **一般菜点的上菜方法**

（1）仔细核对台号、品名和分量，避免上错菜。

（2）报菜名，特色菜点应作简单介绍。

（3）刚上桌的菜点应旋转至主宾前面。

（4）注意菜肴摆放布局，应将最佳观赏面朝向主宾。上有头形的菜肴时，一般应将头部朝向主宾，以示尊重。

（5）凡配调料的菜肴，应先上调料、配料再上菜肴。

（6）及时整理台面，留出空间上菜，可以大盘换小盘，切忌盘子叠压。

2. **特殊菜点的上菜方法**

锅巴虾仁应该尽快上桌，将虾仁连同汤汁马上倒入盘中锅巴上，保持热度和吱吱的声响；清汤燕菜类名贵的汤菜应将燕窝用精致盘子上桌后，由服务员当着客人的面下入清汤中；上泥包、纸包、荷叶包的菜时，餐厅服务员应先将菜拿给客人观赏，然后再送到操作台上，在客人的注视下打开或打破，然后用餐具分到每一位客人的餐盘中，如果先行打开或打破，再拿到客人面前，则会失去菜的特色，并使这类菜不能保持其原有的温度和香味。

菜肴上有孔雀、凤凰图案的拼盘应当将正面放在主人和主宾的面前，以方便主人与主宾欣赏。

四、摆放技巧

菜肴摆放应方便宾客食用，突出主人和主宾，同时要讲究造型、颜色搭配。重点要注意：

1. 摆菜时不宜随意乱放，而要根据菜的颜色、形状、菜种、盛具、原材料等因素，讲究一定的艺术造型。

2. 中餐宴席中，一般将大菜中头菜放在餐桌中间位置，砂锅、炖盆之类的汤菜通常也摆放到餐桌中间位置。散座中可以将主菜或高档菜放到餐桌中心位置。

3. 摆菜时要使菜与客人的距离保持适中，散座中摆菜时，应当将菜摆放在靠近小件餐具的位置上。

4. 注意菜点最适宜观赏一面位置的摆放。要将这一面摆在适当的位置，一般宴席中的头菜，观赏面要朝向正主人位置，其他菜的观赏面则对向其他客人。

5. 当为客人送上宴席中的头菜或一些较有风味特色的菜时，应首先考虑将这些菜放到主宾与主人的前面，然后在上下一道菜时再移放餐桌的其他地方。

五、菜点介绍

1. 介绍菜品的原则

餐厅服务员在为客人进行菜品介绍服务时，应掌握以下原则：

(1) 全面

要对自己经营销售的菜点有全方位的了解，不可一知半解。要了解一般的烹调方法与技巧，同时要掌握特殊烹调方法的关键知识点。

(2) 真实

介绍菜品要真实、可信，不做人为的夸张与渲染。

(3) 清晰

介绍菜点时，语言清晰、简练，不可含糊其辞。

(4) 情感

介绍典故与传说时要注重生动活泼，体现艺术性，运用情感渲染，以给客人带来愉悦感。

2. 准确报菜名

在上菜服务时，准确报出菜品名称是上菜服务的基本要求。报出菜品名称，可使客人在看到菜肴的同时，核对自己所选的菜品与实际得到的菜品是否相符。同时还可以通过餐厅服务员报菜名对照菜品的实际状况进行赏析，从中体会出更深的韵味。准确报出菜品名称，是优质服务的一个体现。在诸多的菜品中，有些菜品的名称是属写实型命名，而有些菜点名称则是寓意型命名，还有些是仿真型命名。

在各种菜单中，写实型菜品品种很多，每种菜系各有不同。在写实型菜品中包括原料写实、烹调方法写实、食用方法写实等。例如腰果鸡丁、芫爆肚丝属于原料写实型，干炸里脊、红烧鱼翅属于烹调方法写实型，手扒羊肉、涮羊肉属于食用方法写实型。寓意型菜品名称在各个菜系中都有，尤其在地方菜中更多。如贵妃鸡、叫花鸡、佛跳墙、麻婆豆腐等。餐厅服务员在上寓意型菜品时，除了要报清楚菜品名称外，还要介绍菜品名称的由来以增添客人的饮宴情绪，加深客人对饮食文化的了解。而如意春卷、金玉满堂等菜肴属于仿真型菜品名称，介绍时要加以引导和说明，以免造成客人的误会。

3. 准确介绍菜品特点

上菜服务中，介绍菜品特点是上菜服务的第二环节。因为餐厅的主要工作就是将所经营的各式菜肴通过服务提供给客人，以此满足来自四面八方客人的不同需求。

中国菜善于选用多种原料，采取恰当合理的佐料配比，巧妙运用刀工与火候，将菜肴做得有滋有味、丰富多彩，故而人们对中国菜赞不绝口，百吃不厌。中国菜的特点可以用色、香、味、形、器、养来概括，它们之间具有内在联系，相辅相成，融为一体，使人们在进餐时得到视觉、嗅觉、触觉和味觉的综合享受。中国烹饪的特点体现在选料讲究、刀工精细、配料巧妙、烹调方法多样、精于运用火候、讲究盛装器皿。

4. 灵活介绍菜点

在介绍菜点时，通过介绍菜品的主要原材料，能使客人在消费选择时更具有直观性，给客人口感先知的服务。通过向客人介绍菜品特色，使客人对食品产生兴趣，从而提高客人的认选率。通过介绍菜品口味，给客人创造多种选择的余地，从而满足客人不同的心理需求。通过介绍食用方法能够调动客人进餐情绪，达到最大消费的目的。

技能要求

中餐上菜服务

一、操作准备

1. 场地

中餐厅（含中餐桌椅、工作台等设备设施）。

2. 物品

工具：托盘、分餐叉、分餐勺、大汤勺。

菜点：麻婆豆腐、爱国饼、西湖醋鱼（可根据实际情况选定）。

二、操作步骤

服务员根据训练用菜肴，首先确定菜点的上菜顺序，并按照以下程序逐一操作。

步骤 1：上菜准备

1. 将菜肴传送到餐厅工作台。

2. 熟悉菜肴上菜，组织好介绍语言。

3. 托盘准备：检查卫生情况，并将拟第一个上桌的菜肴平稳地摆在托盘内。

4. 托盘行走到餐桌前，准备上菜。

步骤 2：确定上菜位置

1. 确定主副主人位置，并站在副主人席位的右侧，右脚在前，侧身而进。

2. 目视餐桌旋转转台（如果有），初步确定餐桌摆放菜点的位置。

步骤 3：菜肴摆放和定位

1. 左手托稳托盘，右手将菜肴端起，摆在转台边缘，然后把转台按顺时针方向旋转一圈，让每位客人观赏菜的造型，最后在主宾面前停下，再后退一步报菜名，让主宾品尝为先。

2. 若没有转台，则应把菜肴放在餐桌中心稍靠主人位的一侧，把菜肴的观赏面正对主人席位。如是高档菜则应先摆在主宾位置上，以示尊重，也便于主人为客人分让。每上一道新菜时，都需将前一道菜移至旁边，将新菜放在主宾面前。

步骤 4：介绍菜肴

1. 麻婆豆腐

例：相传，清同治年间，在四川成都万福桥集市上，有一位陈氏阿婆在此卖便饭和茶水为生。开始营业时就做豆腐应市。那里常有挑担子的脚夫路经小店用饭，他们用几个零钱买点牛肉，自带菜油，请陈氏阿婆加工烹制，这样加工制出的豆腐味道格外鲜美，很快在当地出了名。由于陈氏阿婆脸上生有麻斑，人们便为其所烹豆腐取名为“麻婆豆腐”。历经一百多年，四川的许多大小菜馆均学会了此菜制法，故而麻婆豆腐成为中外驰名的四川风味代表菜品之一。

麻婆豆腐具有麻、辣、酥、香、嫩、鲜、烫等特点，色泽淡黄，豆腐白嫩而有光泽，红黄色的牛肉碎末附着在豆腐上，菜品表面有一层鲜艳的红油，使此菜具有了色、香、味俱佳的特点。

2. 爱国饼

例：又名福州光饼。此饼在福州一带很受人们的欢迎。爱国饼小小圆圆，中间留一小孔，采用面粉加盐烧烤而成。据说，明代嘉靖年间，倭寇骚扰东南沿海一带，给这一带人民带来了巨大的灾难，爱国将领戚继光带领戚家军的精锐部队援闽。当时抗倭斗争非常艰苦，福州人民看到为了保卫自己的家园，戚家军不畏艰险日夜奋战，常常连饭也顾不上吃。为了感谢戚家军，福州百姓就家家制作这种光饼，并在饼中留一小孔，以便将士们将饼用绳子串起挂在身上随饿随吃。得到了人民支持的戚家军，如虎添翼，给倭寇以沉重的打击，解除了东南沿海数十年的忧患。由于福州人民一直牢记戚家军的功绩，因此将制光饼、吃光饼的习俗保留下来。时至今日，光饼的销路经久不衰，除了味美之外，也富有极深远的爱国教育意义。

3. 西湖醋鱼

例：西湖醋鱼原名叔嫂醋鱼，是杭州的传统风味名菜。相传，古代西子湖畔住着宋氏兄弟，以捕鱼为生。当地一恶棍人称赵大官人，见宋嫂姿色动人，便谋害了她的丈夫，又欲加害其小叔。宋嫂劝小叔外逃，在其行前，特意用糖醋烧制了一条草鱼为他饯行，并勉励他“苦甜毋忘百姓辛酸之处”。后来小叔得了功名，在一次偶然的宴席中吃到了这甜中带酸的鱼菜，由此终于找到了隐姓埋名、失散多年的嫂嫂，从此叔嫂团圆。后人仿效烧制，西湖醋鱼（叔嫂醋鱼）便历久不衰地流传下来。

西湖醋鱼在中国菜中独树一帜。在烧制此菜前，先将鱼在水中饿养两天，使其吐尽泥土，去其土腥味。采用活杀现烧的方法，由于使用不放油的烹调手段，鱼制成菜后，肉鲜嫩可胜蟹肉。

步骤 5：结束操作

1. 每一次上菜均要站立在上菜口，微笑，致礼貌语“请慢用”（可以根据各地的风俗习惯使用不同的礼貌语）。

2. 个人所点菜肴全部上完毕，应向主人礼貌致意：“先生（女士），你好。你们的菜已经全部上完，请慢用!”

三、注意事项

1. 餐厅服务员在席间服务中，要保证操作安全。在上各种菜肴时，应做到端平走稳，轻拿轻放。上菜忌讳“推”和“拉”，并应注意盘底、盘边要干净。上带汤汁的菜肴应双手送至餐桌上，以免洒在客人身上。

2. 中餐散座的上菜与宴会上菜基本相同，但应注意上菜的位置不能选在老人或儿童身边，以免出现意外。

3. 各种菜肴摆放时要讲究造型艺术，应根据菜品原材料的颜色、形状、口味、荤素、盛器、造型对称摆放。

相关链接

部分特殊菜肴上菜方法

1. 上拔丝菜

如拔丝鱼条、拔丝苹果、拔丝山芋、拔丝荔枝肉等，要托热水上，即用汤碗盛装热水，将装有拔丝菜的盘子搁在汤碗上，用托盘端送上席，并附上凉开水数碗。托热水上拔丝菜，可防止糖汁凝固，以保持拔丝菜的风味。

2. 热菜配佐料、小料等

应同热菜一起上齐，如清蒸鱼配有姜醋汁，北京烤鸭配有葱、酱、饼等，在上菜时可略作食用说明。

3. 上易变形的炸爆炒菜肴

如高丽虾仁、炸虾球、油爆肚仁等，一出锅立即端上餐桌。上菜时要轻稳，以保持菜的形状和风味。

4. 上有声响的菜

如锅巴海参、锅巴肉片、锅巴什锦等，这些菜一出锅就要以最快的速度端上台，随即把汤汁浇在锅巴上，使之发出响声。做这一系列动作要连贯，不能耽搁，否则此菜将失去应有效果。

5. 上原盅炖品菜

如冬瓜盅，上台后要当着客人的面启盖，以保持炖品的原味，并使香气在席上散发。揭盖时要翻转移开，以免汤水滴落在客人身上。

6. 上泥包、荷叶包的菜

如叫花鸡、荷香鸡，要先上台让客人观赏，然后再拿到操作台上当着客人的面打破或启封，以保持菜的香味和特色。

第2节　酒水服务

学习目标

➢ 了解各种酒和饮料服务的知识要求

➢ 能够熟练掌握酒水服务的技能

知识要求

酒水服务是餐饮服务过程中比较频繁进行的服务项目，无论是中餐还是西餐，在就餐服务中都是由服务员提供斟酒服务，在宴会服务中斟酒服务的要求更高。斟酒服务要求不滴不洒，不满不溢。服务员要掌握正确的服务方法和相关的酒品知识，这对于提高餐饮服务质量十分重要。

一、准备酒水

根据客人的要求从酒吧取出相应的酒水，上餐台斟酒前，须将酒瓶擦拭干净，特别是将瓶口部位擦净。检查酒水质量，若发现瓶子破裂、酒水有变质现象以及有不符合要求的悬浮物、混浊或沉淀物等，应及时更换。

服务员要了解各种酒水的最佳饮用温度，并采取冰镇或温热的方法使酒水达到最佳饮用状态。

1. 冰镇

白葡萄酒、葡萄汽酒、玫瑰露酒、啤酒和一些软饮料最佳的饮用温度应低于室内温度。白葡萄酒的最佳饮用温度为8～12℃，葡萄汽酒的最佳饮用温度为6～8℃，啤酒的最佳饮用温度为8～10℃。因此，在饮用前要求对酒水降温。冰镇的方法通常有冰桶冰镇、冰箱冰镇和溜杯三种：

（1）冰桶冰镇

整瓶的白葡萄酒、葡萄汽酒和玫瑰露酒主要用冰桶冰镇的方法，将酒瓶插入放有冰块的冰桶中10分钟左右，连同冰桶架放在餐桌一侧。

（2）冰箱冰镇

啤酒和软饮料需要提前放入冰箱冷藏冰镇。

（3）溜杯

即对杯子进行降温处理。服务员可以手持酒杯的杯柄，在杯中放入冰块，摇转杯子，以降低杯子的温度，或者直接将杯子放入冰箱冷藏。

2. 温热

有些酒水在饮用前需要将酒的温度升高以使酒味更加香醇，比如中国的黄酒和日本的清酒。温热酒水主要是水烫法，就是将黄酒或清酒倒入烫酒壶，再将烫酒壶放入蓄有开水的烫酒器内温热至 60℃左右。有些酒品的饮用温度高于室温，这就要求对酒品进行温烫。温烫有四种常用的方法：水烫、火烤、燃烧和冲泡。水烫，即将饮用酒事先倒入烫酒器，然后置入热水中升温。火烤，即将酒装入耐热器皿，置于火上烧烤升温。燃烧，即将酒盛入杯盏内，点燃酒液以升温。冲泡，即将沸滚饮料（水、茶、咖啡等）冲入酒液，或将酒液注入热饮料中。

二、准备酒具

为使酒水的特性得到更好的发挥，不同的酒水配有形状大小不同的杯具，服务员应根据客人所点酒水准备相应的酒杯。一般情况下，白酒有对应的白酒杯（盅），黄酒、葡萄酒可使用不同规格的葡萄酒杯或者钢化玻璃杯，啤酒、饮料可以使用大号的葡萄酒杯、钢化玻璃杯。

三、示酒

整瓶的葡萄酒和烈性酒在开瓶前应向主人示酒。示酒时，服务员站在主人右侧，左手托瓶底，右手扶瓶颈，酒标面向主人，请主人确认。

宾客点用的整瓶酒，在开启之前都应让主人先看一下。示瓶的方法是：

1. 服务员站于主人的右侧，左手托瓶底，右手扶瓶颈，酒标面向主人，让其辨认。

2. 当主人认可后，才可进行下一步的工作。

3. 如果没有得到主人的认同，则去酒窖更换酒品，直到主人满意为止。

另外，餐厅服务员在示酒之前，要将酒瓶瓶身、瓶口擦干净，检查一下酒是否过期、变质，是否是客人所需要的那种酒，酒瓶有没有破裂。

四、开启

待主人确认后，开始开瓶，服务员应当着客人的面正确使用开瓶工具开启瓶盖。酒水瓶的封口常见的有皇冠瓶盖、易拉环、软木塞和旋转瓶盖等。常见的开瓶工具有酒刀、酒钻和开瓶器等。

五、斟酒服务

1. 斟酒姿势

斟酒姿势是指斟酒服务时，服务员持酒瓶的手法，站立、行走及为客人向酒杯中斟酒时的动作。斟酒姿势的优美来源于服务员广博的酒品知识、文化修养和表演才能。斟酒前的各项准备工作应做到优美娴熟。

斟酒服务的基础：斟酒前，用干净的巾布将瓶口擦净，从冰桶里取出的酒瓶，应先用巾布擦拭干净，然后进行包垫。方法是：用一块 50 cm×50 cm 见方的餐巾折叠六折成条状，将冰过的酒瓶底部放在条状餐巾的中间，将对等的两侧餐巾折上，手应握住酒瓶的包布，注意将酒瓶上的商标全部暴露在外，以便让客人确认。斟一般酒时，左手持一块折成小方形的餐巾，右手握瓶，即可进行斟酒服务。斟酒时用垫布及餐巾，都是为防止冰镇后酒瓶外易产生的水滴及斟酒后瓶口的酒液洒在客人身上。使用酒篮时，酒瓶的颈背下应衬垫一块大小适宜的布巾，以防止斟酒时酒液滴漏。

2. 持瓶姿势

持瓶姿势正确是斟酒准确、规范的关键。正确的持瓶姿势应是：右手叉开拇指，并拢四指，掌心贴于瓶身中部、酒瓶商标的另一方，四指用力均匀，使酒瓶握稳在手中。采用这种持瓶方法，可避免酒晃动，防止手颤。斟酒时用力应活而巧，正确的用力应是：右侧大臂与身体呈 90°，小臂弯曲呈 45°，双臂以肩为轴，小臂用力运用腕部的活动将酒斟至杯中。腕力用得活，斟酒时握瓶及倾倒角度的控制就感到自如；腕力用得巧，斟酒时酒液流出的量就准确。斟酒及起瓶均应利用腕部的旋转来掌握。斟酒时忌大臂用力及大臂与身体之间角度过大，若角度过大会影响客人的视线并迫使客人躲闪。斟酒时的站姿：斟酒服务开始时，服务员先应呈直立式持瓶站立，左手下垂，右手持瓶；小臂弯曲 45°，向杯中斟酒时，上身略向前倾，当酒液斟满时右手利用腕部的旋转将酒瓶逆时针方向转向自己身体一侧，同时左手迅速、自然地将餐巾盖住瓶口以免瓶口溜酒；斟完酒身体恢复直立状；向杯中斟酒时切忌弯腰、探头或直立。

3. 斟酒站位

斟酒服务时，服务员应站在客人的右侧身后。

规范的站位是：服务员的右腿在前，插站在两位客人的座椅中间，脚掌落地，左腿在后，左脚尖着地呈后蹬势，使身体向左呈略斜式，面向客人，右手持瓶，瓶口向客人左侧依次进行斟酒。每斟满一杯酒更换位置时，做到进退有序，退时先使左脚掌落地后，右腿撤回与左腿并齐，使身体恢复原状。再次斟酒时，左脚先向前跨一步，后脚跟上跨半步，形成规律性的进退，使斟酒服务的整体过程潇洒大方。服务员斟酒时，忌将身体贴靠客人，但也不要离得太远，更不可一次为左右两位客人斟酒，也就是说不可反手斟酒。

4. 斟酒时机

斟酒时机是指宴会斟酒的两个不同阶段：一个是宴会前的斟酒，另一个是指宴会进行中的斟酒。如果客人点用白酒、红葡萄酒、啤酒时，在宴会开始前 5 分钟将红葡萄酒和白酒斟入每位宾客杯中，斟好以上两种酒后就可请客人入座，待客人入座后，再依次斟啤酒。如用冰镇的酒或加温的酒，则应在宴会开始后上第一道热菜前，依次为宾客斟至杯中。宴会进行中的斟酒，应在客人干杯前后及时为宾客添斟，每上一道新菜后要添斟，客人杯中酒液不足一半时也要添斟，客人互相敬酒时要随敬酒宾客及时添斟。

5. 斟酒方式

斟酒方式有两种：一种是桌斟，一种是捧斟。

（1）桌斟。指客人的酒杯放在餐桌上，服务员持瓶向杯中斟酒。斟一般酒时，瓶口应离杯口 2 cm 左右为宜；斟汽酒或冰镇酒时，两者则应相距 5 cm 左右为宜。总之，无论斟哪种酒品，瓶口都不可沾贴杯口，以免有碍卫生或发出声响。

服务员斟酒时，左手将盘托稳，右手从托盘中取下客人所需要的酒种，将手放在酒瓶中下端的位置，食指略指向瓶口，与拇指约成 60°，中指、无名指、小指基本上排在一起。斟酒时站在客人右后侧，既不可紧贴客人，也不可离客人太远。给每一位客人斟酒时都应站在客人的右后侧，而不能图省事，站在同一个地方左右开弓给多个客人同时斟酒。给客人斟酒时，不能将酒瓶正对着客人，或将手臂横越客人。斟酒过程中，瓶口不能碰到客人的杯口，保持 2 cm 距离为宜，同时也不能拿起杯子给客人斟酒。每斟完一杯酒后，将握有瓶子的手逆时针旋转一个角度，与此同时收回酒瓶，这样可以使酒滴留在瓶口，不至于落在桌上，也可显得姿势优雅。给下一位客人继续倒酒时，要用干净布在酒瓶口擦拭一下，然后再倒。

（2）捧斟。指斟酒服务时，服务员站立于客人右侧身后，右手握瓶，左手将酒杯捧在手中，向杯中斟满酒后，绕向客人的左侧将装有酒液的酒杯放回原来的杯位。捧斟方式一般适用于非冰镇酒品，取送酒杯时动作要轻、稳、准、优雅大方。

手握酒瓶的基本姿势与桌斟一样，所不同的是，捧斟是一手握酒瓶，一手将酒杯拿在手中，斟酒的动作应在台面以外的地方进行。

6. 斟酒方法

斟酒方法有两种：一是徒手斟酒，二是托盘斟酒。

（1）徒手斟酒

徒手斟酒时，左手持餐巾，背于身后，右手持酒瓶中下部，酒标朝外，正对客人，右脚跨前踏在两椅之间，两脚可呈“T”字形站立，在客人右侧斟倒。徒手斟酒姿势如图 3—1 所示。

图 3—1　徒手斟酒姿势

（2）托盘斟酒

托盘斟酒时，左手托盘，右手持酒瓶斟酒。服务员站在客人的右后侧，身体前倾，手臂前伸，商标朝向客人。托盘不可越过客人头顶，应向后自然拉开，掌握好托盘的重心。托盘斟酒姿势如图 3—2 所示。

瓶口不搭酒杯，以相距 2 cm 为宜。但斟至适度酒量时不可突然抬起瓶身，而应该稍停一下，并旋转瓶身，抬起瓶口，使最后一滴酒随着瓶身的转动而均匀地分布在瓶口沿上，避免酒水滴洒在台布或客人身上。

7. 斟酒标准

（1）斟酒量标准

中餐在斟倒各种酒水时，一般以八分满为宜，以示对宾客的尊重。西餐斟酒不宜太满，一般红葡萄酒斟至杯的 1/2 处，白葡萄酒斟至杯的 2/3 处为宜。斟香槟酒

图 3—2　托盘斟酒姿势

分两次进行，先斟至杯的 1/3 处，待泡沫平息后，再斟至杯的 2/3 处即可。斟第一杯啤酒时，应使酒液顺杯壁滑入杯中呈八成酒二成沫。调鸡尾酒时，酒液入杯占杯子的三成即可，这样既便于客人观赏，又便于客人端拿饮用。冰水入杯一般为半杯水加入适量的冰块，不加冰块时应斟满水杯的 3/4。黄酒应斟八分满。

（2）斟酒顺序标准

1）中餐斟酒顺序。宾客入座后，服务员应及时询问客人是否先喝些啤酒、橘子汁、矿泉水等饮料。宴会开始前 10 分钟左右将烈性酒和葡萄酒斟好。其顺序是：从主宾开始，按男主宾、女主宾、主人的顺序顺时针方向依次进行。如果是两位服务员同时服务，则一位从主宾开始，另一位从副主宾开始，按顺时针方向依次进行。

2）西餐斟酒顺序。西餐宴会用酒较多，几乎每道菜有一种酒，吃什么菜跟什么酒，应先斟酒后上菜。其顺序为：女主宾、女宾、女主人、男主宾、男宾、男主人。

3）酒席、宴会斟酒的顺序。从总体上讲，应从主宾位开始，再斟主人位，并按顺时针方向依次为客人斟酒。但是，由于宴会的规格、对象、民族风俗习惯不同，因此斟酒顺序也应灵活多样。宴请亚洲地区客人时，如主宾是男士，则应先斟男主宾位，再斟女主宾位，对主人及其他宾客，则按顺时针方向绕台依次斟酒；或先斟来宾位，最后为主人斟酒，以表示主人对来宾的尊敬；如为欧美客人斟酒服务时，则应先斟女主宾位，再斟男主宾位；高级宴会常规的斟酒顺序是先斟主宾位，后斟主人位，再斟其他客人位。如果由两个服务员同时为一桌客人斟酒时，一个应从主宾开始，另一个从副主宾开始，按顺时针方向依次绕台进行斟酒服务；酒席、宴会上常有宾主祝酒讲话的场面出现，这时服务员应恭候在自己工作台旁端正站立，不可交头接耳发出响声，以保持宴会场内的安静，同时注意宾客杯中的酒水，发现不满就及时斟满。宾主离位讲话时，服务员应另备酒杯斟满酒，待讲话完毕时供他们祝酒用。当宾主离位祝酒时，服务员应持酒瓶跟随祝酒者身后，以便及时为客人斟酒、续酒。

技能要求

徒手斟酒和托盘斟酒

一、操作准备

1. 场地

标准餐厅。

2. 物品

中餐圆桌 1 张，餐椅 10 张，白酒杯、葡萄酒杯、啤酒杯各 10 只，白酒、红葡萄酒、啤酒各 1 瓶，以及香槟酒、烈性酒、罐装酒等，托盘。

二、操作步骤

步骤 1： 准备

1. 按照 10 人宴会标准摆台要求摆放白酒杯、红葡萄酒杯和白葡萄酒杯。

2. 取酒水到服务工作台。

3. 把酒水放置在托盘中。

步骤 2： 展示酒水

1. 服务员站立在主人的右侧，左手托瓶底，右手扶瓶颈，酒标面向主人，让其辨认。

2. 当主人认可时，才可进行下一步工作。

3. 若没有得到主人的认同，则去酒吧台更换酒品，直到主人满意为止。

步骤 3： 开启酒

1. 在上餐台斟酒前，先开瓶（开塞）。

2. 将酒水瓶擦拭干净，尤其是将塞子屑和瓶口部位擦干净。

3. 检查酒水质量，若发现瓶子破裂或酒水中有悬浮物、混浊、沉淀物等变质现象，应及时调换。

4. 开启的酒瓶、酒罐原则上应留在客人的餐桌上，下面须用衬垫，以免弄脏台布，而开启后的封皮、木塞、盖子等不要直接放在桌子上，离开时一并带走。准备齐的酒水要摆放整齐，注意将矮瓶和高瓶分别放置前后，不仅便于观看和取用，而且美观大方。

5. 葡萄酒的开瓶方法。服务员先用洁净的餐巾将酒瓶包上，再切掉瓶口部位的锡纸并擦干净，用开酒钻的螺旋锥转入瓶塞，将瓶塞慢慢拔开，然后用餐巾将瓶口擦干净。在开瓶过程中，动作要轻，要防止摇动酒瓶时而将酒瓶底的酒渣泛起，影响酒味。开瓶前，应持瓶向宾客展示。

6. 香槟酒的开瓶方法。先将锡纸剥除，然后用右手握住瓶身，按 45°的倾斜角拿着酒瓶并用大拇指紧压软木塞，右手将瓶颈外面的铁丝圈扭弯，一直到铁丝帽裂开为止，再将其取掉。此时用左手紧握软木塞，并转动瓶身，使瓶内的气压将软木塞弹挤出来。转动瓶身时，动作要既轻又慢，开瓶时要转动瓶身而不可直接扭转软塞子，以免将其扭断而难以拔出。开瓶时，瓶口不要朝向客人，以免在手不能控制的情况下，软木塞被爆出。若已逸出酒味，应将酒瓶呈 45°斜握。

7. 烈性酒的开瓶方法。根据不同的包装采取不同的开启方法。

8. 罐装酒品开罐方法。在开启此类饮品时，服务员应将开口方朝外，不能对着任何人，并以手握遮，以示礼貌。开启前要防止摇晃。

步骤 4：斟酒和添酒

1. 按照顺序斟酒。先餐前酒后烈酒；先高度后低度；先主宾后顺时针方向依次斟酒。

2. 按照宾客的需求斟酒：询问宾客，并根据客人的需求斟酒。

3. 各种酒的斟酒量。中餐在斟倒各种酒水时，一般以八分满为佳。西餐斟酒通常红葡萄酒斟至杯的 1/2 或 2/3 处，白葡萄酒斟至杯的 2/3 或 3/4 处为佳。斟香槟酒要分两次进行，先斟至杯的 1/3 处，待泡沫平息后再斟至杯的 2/3 即可。啤酒顺杯壁斟，分两次进行，以泡沫不溢为标准，一般为八分酒二分沫。饮料一般为八分满。花雕用专用杯斟八分满。

4. 斟完酒后，瓶塞不能塞住瓶口，除非客人自己要求。

5. 添酒。服务员应时时留意客人的酒杯，当杯中酒少于 1/3 时，征得客人同意后，应马上给客人续酒。

三、注意事项

1. 为客人斟酒不可太满，瓶口不可碰杯口。

2. 斟酒时，酒瓶不可拿得过高，以防酒水溅出杯外。

3. 当因操作不慎将杯子碰倒时，应立即向客人表示歉意，同时在酒水痕迹处铺上干净的餐巾。

4. 因啤酒泡沫较多，斟倒时速度要慢，让酒沿杯壁流下，这样可减少泡沫。

5. 当客人祝酒讲话时，服务员要停止一切服务，端正肃立在适当的位置上，不可交头接耳，要注意保证每个客人杯中都有酒水；讲话即将结束时，要向讲话者送上一杯酒，供祝酒之用。

6. 主人离位或离桌去祝酒时，服务员要托着酒，跟随主人身后，以便及时给主人或其他客人续酒；在宴会进行过程中，看台服务员要随时注意每位客人的酒杯，见到杯中酒水只剩下1/3时，应及时添满。

7. 斟酒时应站在客人的右后侧，切忌左右开弓服务。

8. 手握酒瓶的姿势。首先要求手握酒瓶中下端，商标朝向宾客，便于宾客看到商标，同时可向宾客说明酒水特点。

9. 斟酒时要经常注意瓶内酒量的多少，以控制住酒出瓶口的速度。因为瓶内酒量的多少不同，酒的出口速度也不同。瓶内酒越少，出口的速度就越快，倒时容易冲出杯外。所以，要掌握好酒瓶的倾斜度，使酒液徐徐注入酒杯。

第3节 撤换餐酒具服务

学习目标

- 了解需要撤换的骨碟、烟缸、酒杯等餐具的目的
- 掌握撤换餐酒具的时机和技能要求
- 能够熟练掌握餐酒具撤换服务技能

知识要求

就餐过程中适时撤换菜品及餐酒具是餐厅服务员的一项重要工作，餐厅服务员应在餐前准备好充足的所需物品，并注意撤换时机和操作程序。撤换餐酒具是一项细致耐心的工作，要求服务员在技能、服务礼仪等方面按照服务标准进行操作。

一、筷套撤去服务

筷套既是筷子的保洁措施，又是美化餐桌、传播企业文化和饮食文化的重要途径。在客人正式用餐前，服务员从主宾位开始，按照顺序为客人撤去筷套，一般徒手进行。要求服务员取筷子和把筷子放回原地的动作轻盈，保持餐桌摆台美观。

二、骨碟撤换服务

骨碟是就餐过程中菜点过渡和废弃物存放的器皿，西餐中称餐碟。在就餐过程中，就餐者一般从菜盘中取菜放置在骨碟中，服务员分菜时一般把菜肴分到宾客的骨碟中，骨碟成为食物的“中转站”。保持骨碟的清洁、卫生，对提高就餐质量具有重要的意义。

宴会往往配有冷、热、海鲜、汤、羹等不同的菜品，这些菜品采用炒、烩、扒、煎等不同的烹饪方法，菜肴的数量较多，品种丰富，就餐过程中会发生菜肴相互之间串味等情况。例如吃过冷菜换吃热菜，装过鱼腥味食物的骨碟再吃其他类型菜肴时，连续食用不同汁芡、味道菜肴时等。有时还会发生骨碟洒落酒水、饮料“污染”，影响就餐质量。因此，在宴会进行中需要不断地更换餐具、用具。这样做主要是为了提高宴席档次，搞好餐桌卫生，使菜肴不失其色，保持原汁原味，突出特点，增加美观。

三、烟灰缸撤换服务

保持烟灰缸的整洁是提高餐饮服务质量的重要方面。客人用餐时，餐台上烟灰缸中的烟灰可能抛洒，影响就餐卫生，因此客人使用过的烟灰缸应及时撤换。高档宴会中，宾客使用的烟灰缸中有两个烟蒂就必须撤换。

收台时撤烟灰缸，应先做防火安全检查，看是否有未熄灭的烟蒂，如有，应先进行灭火处理。

四、小毛巾撤换服务

餐巾每次用完后要用洗涤剂洗净，并经蒸汽或煮沸消毒，以杀灭餐巾上的病菌。小毛巾又称香巾，就是在清洁的小方巾上洒上香水，使之具有清洁卫生和提神、醒脑的作用。冬天可给客人送热香巾，夏天送湿冷香巾为好。宾客在进餐前和进餐后，用香巾擦拭脸、嘴和手上的灰尘、油污等。一般在进餐过程中根据需要送多次香巾。

就餐过程中，席间应多次更换香巾，以示服务热情、礼貌和讲究卫生。客人用餐完毕离席后，应在撤餐具前先将香巾撤离餐台。

五、酒具撤换服务

酒具是宾客喝酒和饮料的专用器皿，不同的酒水、饮料配置不同的酒具。在饮酒过程中经常出现更换不同的酒水，酒具被烟灰、菜肴“污染”，酒具破碎等情况，及时更换酒具，能够避免不同酒水之间的交叉干扰，保持就餐过程的清洁卫生，使就餐过程更加圆满。

六、撤换菜盘服务

在高档中餐宴会中，一般上新菜撤旧菜，桌面上只保持 1 个菜。普通宴会，餐桌上大多保持 5 个菜以下，如数量过多就会影响整个餐桌的整洁美观。为了保持桌面的丰盛也可把残菜撤下换上小盘，整理好重新上桌，这样做既可保持桌面的丰盛，又可保持桌面美观。

上水果前，应将餐台上的残菜盘撤净，如有必要，可做简单的餐台清理，而后将水果摆放于餐台当中。

七、撤换口布服务

口布可以美化餐桌，是宾客进餐过程中的清洁卫生辅助用品。当口布掉在地上、严重污染或者客人需要更换时，应及时为宾客提供撤换口布服务。撤口布时应先将口布抖干净，清点数目，再把口布扎成 10 块 1 捆，以便于清点。

八、收拾台布

台布既可以美化餐桌，又可以保持就餐过程的清洁卫生，还可以增加就餐的气氛。不同的台布能够渲染不同的就餐氛围，不同质量的台布还可以体现宴请的档次。台布在就餐过程中最容易被污染，通常在每餐结束后需要撤换。

九、餐酒具撤换时机

撤换餐酒具要注重时机，根据客人就餐进展情况、菜肴及酒水变化情况以及宾客的实际需求情况，动态实施提供针对性的餐酒具撤换工作。一般的要求是：

1. 客人在用完冷菜之后，餐厅准备上热菜之前，一般要撤换骨碟。

2. 荤菜与素菜交替食用之时。荤菜和素菜在烹调方法、口味等方面差距很大，通过更换骨碟，能够更好地保持菜肴的特色。

3. 上甜点与水果之前。上甜点和水果一般在整个就餐结束前，此时骨碟中的废弃物比较多，同时甜点和水果的口味以甜味为主，容易受到此前菜肴口味的干扰而降低品质。通过更换骨碟，能够保证不串味。

4. 当客人吃过汤汁较为浓厚的菜后。汤汁浓厚的菜肴会影响下一道菜肴的口味，如装过有鱼腥味食物的餐具，再上其他菜时应该更换骨碟。

5. 在中高档宴会中，餐厅服务员分好菜，宾客品尝完毕后，在下一道菜上桌前就应将前一道菜撤下。但要注意撤菜不可过快，客人如需要继续食用的菜肴则不能撤下，不可让客人扫兴。

6. 用过一种酒水，又用另一种酒水时，如白酒杯中有残留会影响啤酒的口感。因此不同的酒水均应有相对固定的酒杯。

7. 当餐具脏时需要撤换。

8. 当盘内骨刺残渣较多，影响美观时要及时撤换。

技能要求

撤换骨碟、烟灰缸和小毛巾等服务

一、操作准备

1. 场地

标准餐厅。

2. 物品

中餐圆桌 1 张，餐椅 10 张，骨碟、汤碗、汤勺等餐具及酒具，烟灰缸，小毛巾，托盘。

二、操作步骤

步骤 1：骨碟撤换操作

1. 服务员把干净的骨碟、汤碗、汤勺放在托盘的一侧，左手托盘，右手从宾客的右侧撤换餐具。

2. 从主宾开始，先将用过的餐具撤下放在托盘的另一侧，然后为宾客摆放干净的餐具，按顺时针方向依次进行。

3. 在撤换时，注意将干净的和用过的餐具严格分开，以免交叉污染。宴会进行到最后时，应是上水果及茶的阶段。在上水果碟前，应清理餐台上的小件餐具，在清理过程中，将吃菜点用的骨碟、小汤碗撤掉，换摆水果碟及果刀、果叉。

步骤2：烟来缸撤换操作

1. 用干净的烟灰缸压放在用过的烟灰缸上，并将两个烟灰缸同时撤下，然后再将干净的烟灰缸放回原处，这样可以避免在撤换时烟灰飞扬，有碍卫生。

2. 撤换烟灰缸与撤换餐碟、汤碗一样，也需要用托盘进行操作。动作宜轻，不要打扰宾客，以防烟灰到处乱飞。

步骤3：小毛巾撤换操作

撤换小毛巾有两种操作方法。

方法1：服务员将消毒后的小毛巾用毛巾夹放在毛巾夹架内，摆放在托盘上，餐厅服务员左手端托盘，右手摆放，放在宾客的右侧，由宾客自取。

方法2：将小毛巾放在垫碟内，餐厅服务员用毛巾夹直接递给每一位宾客。

步骤4：收台布操作

1. 餐台的各种餐饮用具撤清后，首先应注意一下台布上是否有烟蒂、残菜等，如有，先清理再撤台布。

2. 将脏台布的半面卷起露出餐桌，再将台面上的用品移到露出的餐桌上。

3. 将脏台布的另一半面卷起撤下，撤时注意不要将杂物撒在座位或桌面上。

4. 在未放用品的桌面上铺上干净的台布，铺时注意折缝与桌中线吻合，再将用品移到干净的台布上。

步骤5：撤换酒具操作

1. 服务员把干净的酒具放在托盘的一侧，左手托盘，右手从宾客的右侧撤换酒具。

2. 从客人右侧开始，先将用过的酒具撤下放在托盘的另一侧，然后为宾客摆放干净的酒具，按顺时针方向依次进行。

3. 在撤换时，注意将干净的和用过的酒具严格分开，以免交叉污染。

4. 操作时不得将酒具相互碰撞，以免发出声响，打扰客人。

步骤6：撤换菜盘操作

1. 撤换菜盘时，服务员站在副主人的右侧，右脚在前，左脚在后，用右手撤下菜盘。

2. 动作要轻、要稳。

三、注意事项

1. 撤换餐酒具时应注意礼貌，站在客人的右侧用右手将餐酒具撤回放到托盘中。

2. 撤盘时不拖曳，不能当着客人的面刮擦脏盘，不能将汤水及菜洒到客人身上。

3. 如果客人还要食用餐盘中的菜，服务员应将餐盘留下或在征得客人的意见后将菜并到另一个餐盘中。

4. 撤盘时，应将吃剩的菜或汤在客人右边用碗或盘装起来，然后将同品种、同规格的盘，按直径由大到小的顺序自下而上摆放整齐。

5. 在客人用餐过程中，要勤为客人更换餐具，更换时轻拿轻放，不能发出响声。

6. 服务员要特别注意忌用手直接取送小毛巾。

7. 撤盘时切忌用力拉，以免汤汁溢出，同时应注意不要将菜盘从就餐客人的头上方撤下，更不能把菜汁滴洒在宾客的身上或桌面上。

思考题

1. 什么叫传菜？简述传菜工工作要求？
2. 上菜应遵循哪些基本原则？
3. 餐厅服务员应该掌握的菜品介绍原则有哪些？
4. 什么叫示酒，简述示酒的基本方法。
5. 简述斟酒标准。
6. 如何掌握好餐酒具撤换的时机？

第4章 餐后服务

第1节 送客服务

学习目标

- 了解餐厅送客礼仪知识
- 掌握送客服务程序
- 能够掌握送客服务的基本技能

知识要求

送客是餐厅对客服务的最后一个重要环节，最后印象的重要性不亚于第一印象，所以欢送的步骤与迎接的步骤同样不可忽视。餐厅服务员应热情、亲切、友善地欢送，送别有礼有序可以锦上添花。否则，就会前功尽弃。在送客过程中，服务员应做到礼貌、耐心、细致、周全，使客人满意。

一、送客服务要求

送客服务是在客人用餐完毕，结账付款后。其具体要求是：

1. 尊重客人，由客人自己决定离席时间。宾客不想离开时决不能催促，也不要做出催促宾客离开的错误举动。

2. 客人准备离席，起身后，服务员应主动为宾客拉开座椅。

3. 客人离开前，如愿意将剩余食品打包带走，应积极为其服务，决不要轻视他们，不要给宾客留下遗憾。

4. 协助客人处理随带物品，协助客人穿戴衣帽。要帮助客人穿戴外衣、提携东西，提醒他们不要遗忘物品。

5. 优先帮助老人、儿童和残疾人离店。

6. 主动征求客人的意见，请求客人留下宝贵意见。客人用餐完毕，服务员应主动地征求意见，这正是了解客人喜不喜欢饭菜、对服务满不满意的最佳机会。如客人当面投诉，服务员或管理人员应做到：

（1）认真倾听客人的批评和建议。

（2）要热情、友善、态度诚恳。

（3）用笔记录，及时向领导汇报。

（4）如果客人愿意的话，可将其姓名、电话留下。

（5）代表本店衷心感谢客人。

（6）欢迎客人下次再来本店。

（7）客人提的意见如果有不符合事实之处，不要作过多解释。

7. 送客时服务员应该走在客人后侧。

8. 客人步行出店，应及时为其拉开大门，向客人道别，并主动询问客人是否乘坐出租车，帮客人联系好车辆。为客人打开车门，请客人上车并"护顶"。

送别规格与接待规格大体相当，只是主宾先后顺序正好与迎宾相反，迎宾是迎宾人员在前，客人在后；送客是客人在前，迎宾人员在后。

二、餐后餐厅检查

送走客人后，服务员应立即回到餐厅，全面检查餐后餐厅。

餐后检查餐厅的目的是发现是否有遗留的客人物品，检查餐厅的设施设备的运行情况，为下一步餐厅的整理、清洁做好准备工作。餐后餐厅检查是整个餐厅服务工作中不可缺少的环节，主要检查的内容有：

1. 通过巡视座椅、衣架、衣柜、餐厅备用厕所、工作台等部位，检查是否有遗留的物品，如果有，按照规定的程序处理。

2. 检查需要退还的物品，如儿童座椅，并及时办理退还手续。

3. 检查餐厅空调、彩电、热水器等客用设备是否正常，如果有异常应填写维修单，及时报告维修。

4. 关闭客用空调、彩电、部分灯光，在保证不影响整理、清洁工作的情况下，最大限度地节省能源。

5. 检查地面、桌面的污损情况，决定是否需要进行特别的清洁处理。

6. 检查需要补充的餐厅耗用品，如餐巾纸、牙签、因破损需要补充的餐酒具等。

技能要求

送客服务

一、操作准备

1. 场地

标准中餐厅及相关的辅助设施。

2. 物品

圆形餐桌、椅子等物品。

二、操作步骤

步骤 1：离席确认

1. 从客人的语言表达中获知客人即将离席。

2. 客人已经起身离席。

步骤 2：协助离席

1. 为客人拉椅子。

2. 为客人取存放的衣物。

3. 询问客人是否需要对未吃完的食物打包，需要的话，为客人打包并包装，送到客人手中。

4. 征求宾客对服务工作的意见（可以是书面或者口头）。

5. 提醒客人带好随身物品。

6. 向客人致谢，例如“非常感谢您，欢迎您再次光临”等。

步骤 3：送客引领

1. 走在客人的后面，把客人送至餐厅门口。

2. 当客人走出餐厅门口时，要再一次向客人致谢，并致意欢迎再次光临。

3. 如果客人使用电梯离开，应为客人传呼电梯，并为其开启电梯门，目送客人离开。

4. 餐厅的正门如果有汽车直接通过，而客人没有自备车时，应为客人叫出租车，为客人开车门，并目送客人离开，雨天要为客人打伞。

步骤 4：餐厅检查

1. 检查餐厅是否有宾客遗留的物品。

2. 如果有遗留，应尽快归还客人，如果客人已经离开，应向部门经理汇报，按照相关规定处理。

3. 检查设施设备。

三、注意事项

1. 客人不想离开时绝对不能催促其离开。

2. 面带微笑，注视并目送客人离开。

3. 重要的宴请活动可以由服务员列队欢送，以示尊重和重视。

相关链接

送客习俗

1. 左手礼

印度、缅甸和冈比亚等国，人们用左手干脏活等。平时端菜、接物、送客等，都不允许用左手。对不受欢迎的客人，主人送客用左手打发。

2. 送鞋礼

尼泊尔山区民族对远道而来的客人，送一顶尼泊尔帽表示欢迎。告别时，还要送上一双尼泊尔鞋。男客送黑色，女客送红色，意为祝客人归途顺利，前途无量。

3. 抹泥礼

新几内亚人在送别客人时会高声尖叫。还把道路上的泥土往客人身上抹，据说此举表示土地代表主人的心，对客人真心诚意。

4. 收伞礼

泰国北部农村的一些少数民族地区，客人来时有撑伞欢迎的习俗。若主人把伞收拢存放，则暗示主人要送客了。

5. 白色礼

匈牙利人很好客，不管客人带不带礼物到主人家，送客时他们都要送一份白色的礼物，表示祝客人诸事顺利之意。

第 2 节　餐后整洁工作

学习单元 1　餐后收台

学习目标

➢ 了解餐后常用收台工具
➢ 掌握餐桌清理程序
➢ 能够熟练掌握餐后收台技能

知识要求

餐厅营业后的整洁工作，是整个餐厅服务过程中的最后一个环节。做好这一工作，既能清楚地掌握目前营业情况，总结经验，又能为下面的接待服务奠定基础。

一、收台工具

为了提高收餐工作效率，保持就餐场所的清洁卫生，减轻餐厅服务员的工作负荷，收餐工作需要借助常用工具来进行。常用的收餐工具有收餐车、餐具周转箱、托盘、抹布、垃圾袋等。

1. 收餐车

收餐车是收餐时最常用的工具之一，有单层和多层之分，配有废物桶和餐具盘。根据需求，其收餐容量有大有小，一般情况下，一辆收餐车可以满足一桌宴会席所有餐具的收集。收餐车的不同层主要为方便不同类别的餐具分类收集。收餐车如图 4—1 所示。

2. 餐具周转箱

餐具周转箱是餐厅餐具收集的常用工具之一。在许多酒店，为了提高劳动效率，保持餐厅的清洁卫生，一般在餐厅放置餐具周转箱，用于存放进餐过程中撤换

a)　　　　b)

图 4—1　收餐车

a）单层收餐车　b）多层收餐车

下来的餐具，在餐后统一运送到洗涤中心清洗。餐具周转箱也用于配送清洁消毒后餐具，一般要与餐具收集箱分开使用。餐具周转箱如图 4—2 所示。

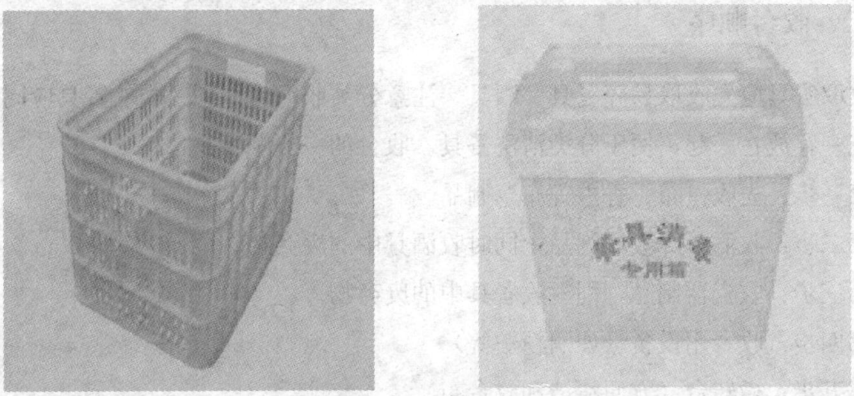

a)　　　　b)

图 4—2　餐具周转箱

a）普通餐具周转箱　b）高档餐具周转箱

3. 托盘

见本书第 1 章的介绍。

4. 抹布

用于工作台、餐厅台面的清洁。餐厅用的清洁抹布应与厨房等部门使用的抹布分开，不得交叉使用。

5. 垃圾袋

一般与废物收集桶配合使用，防止废物抛洒和二次污染，保证清洁卫生。安装好的垃圾袋如图 4—3 所示。

图 4—3　垃圾袋

二、收台顺序

收取餐具应先收取易碎餐具、酒具。注意分类收取，即同一类的餐具应同时收取并统一存放在一起，便于分类清洗餐具。收台的一般顺序是：

第一步：先收口布、香巾等布草制品。

第二步：收酒杯等玻璃制品，同时收酒具中的废弃物。

第三步：收瓷器制品，同时收餐具中的废弃物。

第四步：收专用设备（如酒精炉等）。

第五步：撤转台（方便清洁和收台布）。

第六步：收台布。

第七步：将垃圾及脏餐具运送至洗涤间。

三、餐后收台工作要求

1. 收台工作是一项耐心细致的工作，餐酒具多为瓷器、玻璃制品，用餐后沾油滑手。在收捡餐具时应轻拿轻放，动作要熟练、轻盈，操作要小心，一次不要拿得太多、堆得太高，以免打碎碰烂，同时要注意收集的顺序，避免交叉污染，影响工作效率。

2. 要按照操作规范收台，不得将餐具乱堆放，以免造成餐酒具的破损，影响下一步清洗工作的效率。

3. 收下的所有物品应及时送到相关部门处理。

4. 要积极回收废杂物。如酒瓶、饮料瓶罐等要用纸盒装好，统一交保管室。

5. 要进行最后的全面安全检查，熄灯、关门、落锁，切实做好安全保卫工作，防止发生事故。

技能要求

按顺序收台

一、操作准备

1. 场地

标准餐厅。

2. 物品

10 件标准摆台物品，汤菜、炒菜若干，收餐车、垃圾桶、抹布等。

二、操作步骤

步骤 1：收台准备

1. 检查餐后现场。

2. 确定收台工具。

3. 以能够进行收台操作为限，关闭部分灯光，节约用电。

步骤 2：收餐酒具

1. 收餐巾、小毛巾。

2. 收玻璃餐酒具。

3. 收瓷器餐具。

步骤 3：收台布

1. 从台布的四个角向中间收拢成袋子状，防止台布上的杂物抛洒。

2. 将台布里的就餐垃圾放入垃圾桶中。

3. 折叠台布。

三、注意事项

1. 要使用托盘收取。

2. 不可把台布、餐巾、小毛巾等餐用布件当做抹布使用，以免减少使用周期，造成浪费。

学习单元 2 餐后清洁

学习目标

➢ 了解餐后清理所需工具和清洁剂
➢ 掌握餐桌清理程序
➢ 能够熟练掌握餐后桌面清洁技能

知识要求

一、餐后餐厅清洁卫生要求

1. 地面卫生

餐厅地面的卫生，不仅反映餐厅的卫生水平，同时也体现餐厅的档次。所以，保持地面卫生是餐厅最基本也是最重要的工作之一。

（1）硬质地面的卫生

每餐营业后应彻底清扫，将食物残渣清除干净，然后再用拖把拖净。对油腻部分先用专用清洁剂拖洗，然后再用清水拖洗，最后用干拖把拖干。必要时可在水磨石等地面上打适量地板蜡，使之保持清洁光亮。

（2）地毯地面的卫生

每餐营业后应先清除地毯上洒落的食物残渣，然后再用吸尘器吸干净。对于有油污的地毯，要及时换下送地毯清洗厂家洗涤整修，以保持地毯的清洁卫生。

2. 餐桌卫生

每餐营业后和下次营业前应彻底擦拭餐桌、餐凳，应注意餐桌边缘、桌腿、凳腿上不得有食物残渣。如使用沙发椅时，应加上布套，以利洗涤和更换，保持干净。对油腻桌面要先用碱水清洗，然后用清水擦干。对备有转盘的桌面，打扫卫生时应取掉转盘；打扫完毕后，检查转盘转动自如后，再将转盘放好备用。总之，每次进餐完毕后必须及时清除食物残渣，擦净桌面，保持清洁。

3. 台布、餐巾和小毛巾卫生

台布、餐巾直接关系到进餐者的个人卫生。每次进餐完毕后，必须更换干净台布，保持餐桌卫生。要防止台布未经清洗反复使用，影响就餐卫生。

4. **工作台卫生**

工作台是服务员工作和存放饮料、酒水及其他所用物品的地方，要不定期地打扫，使工作台内外和存放的物品及用具保持整洁卫生。另外，还要有防蟑螂措施，防止蟑螂滋生和污染食具用品等。

5. **餐厅的室内空气卫生**

（1）餐厅空气污染的主要评价指标

室内空气污染状况常用的评价指标有空气细菌总数、一氧化碳可吸入颗粒物、甲醛、新风量。

1）细菌总数。室内空气中的细菌与人的活动有关，细菌可以随飞沫与灰尘飞扬于空气中，它是反映室内空气清洁程度的一个指标。

2）一氧化碳。一氧化碳是无色、无臭、无味的气体，公共场所一氧化碳主要来自于燃料的不完全燃烧、吸烟及室外空气污染。

3）可吸入颗粒物。指直径小于 10 微米的颗粒，可长期漂浮于空气中，主要吸附空气中的细菌、有毒的化学物质，随呼吸进入人的呼吸道，损害人体健康。可吸入颗粒物主要来源于室外空气和室内人员的频繁活动，以及衣服、鞋、烟雾、灰尘等。

4）甲醛。它是一种挥发性有机物，无色，具有强烈的刺激气味。建筑建材、化纤物品、室内装饰材料与家具油漆是甲醛的主要来源。甲醛主要刺激黏膜，引起眼睛发痒、流泪、咽喉干燥、发痒、咳嗽、胸部发闷等不良症状。

5）新风量。它是衡量室内空气新鲜程度的重要指标。室内通风换气是消除污染物、改善微小气候的重要措施，如果通风量不够或新风量补充不足时，室内空气流速降低，使机体散热困难，空气污浊。

（2）餐厅内微小气候的主要评价指标（见表 4—1）

表 4—1　　餐厅内微小气候主要评价指标表

指标名称	标准
温度	18～20℃
相对湿度	40%～80%
风速	≤0.15 m/s
可吸入颗粒物	≤0.15 mg/m³
新风量	≥20 m³/小时・人

（3）餐厅内的通风

通风是清除室内污染物、改善微小气候和保证空气卫生质量的主要措施。通风一般采用三种方式：自然通风、机械通风和空调通风。无论采用哪一种通风形式，都应提供新鲜空气和足够的通风量（新风量）。

1）自然通风。它是利用门窗通风。设置自然通风设备时，要注意建筑物之间的距离及当地主导风向。通风开口面积不应小于该餐厅地面面积的 1/16。地处交通繁华地带的餐饮场所要避开车辆高峰时间通风。

2）机械通风。可采用排风、进风或两者混合的方式。借助机械通风可以阻止气味从一个房间飘到另外的房间，一般是利用风压差来达到目的。机械通风的进风口必须安排合理，防止把污浊的空气吸入室内。

3）空调通风。即空气调节装置，是机械通风的高级形式。它利用机械通风、制冷、制热、除湿装置调节室内温、湿度。

二、餐台台面的种类

餐台台面要求坚固耐用、美观，并且方便清洁。其质量可以从加工精度、强度、硬度、表面状态、无毒性、无放射性等关键指标来衡量。

1. 不锈钢台面

坚固、易于清洗、耐酸碱腐蚀、实用性较强。但视觉较为单调、冷淡、不易变化。

2. 防火板台面

这种台面色泽丰富、耐磨、耐刮擦、耐高温、耐酸碱，但转角台面拼接的结合部缺乏有效的处理手段，通常采用硅胶黏合加塑料和专用金属条嵌入以增加美观，这种台面还容易被水浸渗，当加工不良或使用不当时易导致脱胶、变形、基材膨胀等后果。

3. 人造石台面

人造石是一种由矿石粉（氢铝粉）颜料、优质人造石工程树脂等原料加入功能助剂，经特殊工艺制成的高分子复合材料，又称为实体面材。优质人造石具有质地坚实、色彩多样、无毒、无放射性、耐磨、耐高温、抗冲击、抗渗透、易于保养等特点，可做任意材料加工、打磨和无缝拼接。

4. 实木材台面

实木材台面是最传统、最常用的台面品种，分为一般木材台面和稀有木材台面（如红木）。其色彩丰富，经油漆后更加突出，清洁方便，便于造型，但是耐磨性能差，浸水后容易变形，同时牢固程度也比其他材料的台面差。

三、餐后餐厅保洁的内容和方法

1. 地面

地面所用材料一般便于清洁，如混凝土、水磨石、瓷砖、木质板等，对这些光洁地面每日至少拖 3 次。地面不要选用质地疏松的地毯，因为不易用吸尘器吸净。对地毯地面每日吸尘至少 3 次，并铺设平整。

2. 墙壁、天花板

墙壁、天花板应为浅色、光滑面，用不吸湿材料构成，以便于清洁。墙壁如用墙纸，则应粘住并防止脱落。天花板应使用无毒性的材料，确保不会脱落及没有碎屑进入食品。清洁墙壁、天花板时要使用无尘打扫法，如用水冲洗、用湿布擦、吸尘器吸，以免尘土飞扬。清洁工作应选择在顾客离开之后或两餐之间进行，应严格避免可能发生的食品污染现象。

3. 装饰物

对灯罩、灯架、安装在墙上的风扇等应经常保持良好的清洁状态。盆栽盆景，应新鲜舒适、无烟头废纸。

4. 桌椅

每日用专用抹布擦拭，定期用专用清洁剂擦洗。用于擦拭餐桌、餐椅、餐具柜、送餐车的抹布应当清洁，不作他用，经常用允许使用的消毒液漂洗，不用时应妥善保存。

5. 门窗及玻璃

应无污点、印迹，光亮透明，字画条幅整齐美观，表面无灰尘。门厅过道无脏物、杂物。

6. 卫生设备

设置宾客用挂衣架。痰盂应加盖，餐后立即清理。配套卫生间负责好日常卫生，确保清洁舒适、无异味。

7. 可用娱乐设备

如电视机、电脑等应使用专用抹布每天擦拭，保持无灰尘、无手印等污迹。

技能要求

餐后餐台台面清洁

一、操作准备

1. 场地

餐厅（可放置 3 张餐桌）。

2. 物品

餐桌、餐椅，壁挂式空调，工作台：玻璃台面、不锈钢台面、木质台面，清洁剂等。

二、操作步骤

步骤 1：清洁准备

1. 根据所要清洁的餐后物品，确定选用的清洁剂和工具。

2. 准备清洁剂和工具：抹布、清洗水池、清洁剂等。

步骤 2：台面清洁

1. 去除杂物。

2. 使用清洁剂去污（不同的台面选择不同的清洁剂）。

3. 使用湿抹布擦拭，去除清洁剂和污垢。

4. 使用清洁的干抹布擦拭，擦拭时采取螺旋法，让抹布在台面上打圆圈，以提高擦拭的质量。

5. 检查清洁效果，重复第 3、4 步，达到清洁标准。

步骤 3：清洁质量评价

1. 表面清洁无杂物。

2. 无污垢及陈垢。

3. 无水迹、手印等痕迹。

三、注意事项

1. 不得使用可能损坏台面的工具清洁台面，如砂纸、刮刀等。

2. 清洁过程要动作轻盈，防止损坏台面。

3. 使用清洁剂要适量，并随污物一起清除干净，以免损坏台面，甚至对人体造成伤害。

相关链接

北京市餐厨垃圾收集运输处理管理办法

第一条　为加强对餐厨垃圾的管理，维护城市市容环境卫生，保障人民身体健康，根据《北京市市容环境卫生条例》和《北京市实施〈中华人民共和国动物防疫法〉办法》的有关规定，制定本办法。

第二条　本办法所称餐厨垃圾，是指宾馆、饭店、餐馆和机关、部队、院校、企业事业单位在食品加工、饮食服务、单位供餐等活动过程中产生的食物残渣、残液和废弃油脂等废弃物。

第三条　本办法适用于本市规划市区、郊区的城镇地区和开发区、科技园区、风景名胜区及其他实行城市化管理的地区内餐厨垃圾的收集、运输、处理及相关管理活动。

第四条　北京市市政管理委员会（以下简称市市政管委）负责本市餐厨垃圾收集、运输、处理的监督管理和本办法的组织实施。各区、县市政管理委员会负责本辖区内餐厨垃圾收集、运输、处理的日常管理。

第五条　餐厨垃圾的收集、运输和处理必须符合卫生、环保的要求。

第六条　鼓励和支持高新技术在餐厨垃圾收集、运输和处理中的研究和使用，积极推广先进的技术和设备。

鼓励社会单位和个人参与餐厨垃圾的收集、运输和处理。

第七条　餐厨垃圾的产生者负有对其产生的餐厨垃圾进行收集、运输和处理的责任。

第八条　餐厨垃圾的产生者应当按照本市卫生、环保和市容环境卫生的要求，设置符合标准的收集、存放和处理餐厨垃圾的专用设施、设备。餐厨垃圾的产生者应当保证收集、存放专用设施、设备的功能完好和正常使用。

第九条　餐厨垃圾不得随意倾倒、堆放，不得排入雨水管道、污水排水管道、河道、公共厕所和生活垃圾收集设施中，不得与其他垃圾混倒。餐厨垃圾的产生者不得将餐厨垃圾交给无相应处理能力的单位和个人。

第十条　餐厨垃圾的处理采用集中处理和分散处理相结合的方式。餐厨垃圾产生者可委托专业企业进行集中处理。委托专业企业进行集中处理的，应当向受委托的专业企业支付餐厨垃圾运输处理费。具备相关技术、设备条件的餐厨垃圾产生者，也可自行处理餐厨垃圾。集中处理和自行处理都应当符合本市有关标准和规范。

第十一条　餐厨垃圾的集中收集、运输和处理，应当由具备专业技术条件的企业承揽。

不具备专业技术条件的，不得进行餐厨垃圾的集中收集、运输和处理。

第十二条　运输餐厨垃圾依法实行准运证制度。餐厨垃圾运输车辆必须具有市市政管委核发的准运证件，方可从事运输。运输餐厨垃圾应当使用专用密闭机动车辆。运输车辆应当保持功能齐备、完好和车身整洁。运输餐厨垃圾不得沿途泄漏、遗撒和倾倒。

第十三条　餐厨垃圾运输企业（包括自运单位）应当将餐厨垃圾运到区、县人民政府指定的处理场所进行消纳处理。

第十四条　任何单位和个人都有权对违反餐厨垃圾管理规定的行为进行举报。对单位和个人举报的违反餐厨垃圾管理规定的行为，有关行政管理部门应当依法及时处理。

第十五条　违反餐厨垃圾管理规定的，由城市管理综合行政执法机关按照《北京市市容环境卫生条例》和相关政府规章的规定进行处罚。

第十六条　本办法自2006年1月1日起施行。

思考题

1. 餐厅送客服务的具体要求是什么？
2. 餐后餐厅服务员应检查哪些内容？
3. 简述收台的一般顺序。
4. 餐后如何对餐厅地面实施清洁处理？
5. 室内空气污染状况常用的评价指标有哪些？
6. 简述餐后餐厅保洁的内容和方法。